LE
TRAITÉ DE VERSAILLES

RÉPONSE

À UNE PUBLICATION ALLEMANDE

PARIS
IMPRIMERIE NATIONALE

1923

LE

TRAITÉ DE VERSAILLES

RÉPONSE

À UNE PUBLICATION ALLEMANDE

LE
TRAITÉ DE VERSAILLES

RÉPONSE

À UNE PUBLICATION ALLEMANDE

PARIS

IMPRIMERIE NATIONALE

1923

LE
TRAITÉ DE VERSAILLES.

—

RÉPONSE

À UNE PUBLICATION ALLEMANDE.

La revue *Süddeutsche Monatshefte* vient de consacrer, en entier, un de ses numéros mensuels à la publication d'articles relatifs au Traité de Versailles..

Ces études, au nombre de huit, sont signées de noms différents et portent des titres dont certains pourraient donner l'impression qu'il n'existe, entre elles, aucun lien bien logique. Mais toutes n'en tendent pas moins, par des voies diverses, à un même but : montrer que le Traité de Versailles impose à l'Allemagne des charges hors de proportion avec ses facultés. Il est donc, en fait, inexécutable. Il est, d'autre part, nul en droit parce qu'il n'a pas été débattu contradictoirement, librement conclu, mais imposé, surtout parce qu'il est basé sur une donnée complètement fausse, le « mensonge » de la culpabilité unique de l'Allemagne dans la guerre. L'Allemagne, par suite, doit déchirer ce pacte, le rejeter entièrement, absolument. Des modifications, des amendements, des retouches ne suffiraient pas. La France, en le dictant, a cherché à réaliser le projet qu'elle nourrissait depuis l'époque lointaine de Henri II, de Richelieu, et qu'elle avait su dissimuler aux Allemands trop confiants : détruire l'Allemagne, s'emparer de la rive gauche du Rhin et établir, politiquement, économiquement, l'hégémonie française en Europe. Pour déjouer ce plan, les Allemands doivent se raidir, prendre conscience de leurs devoirs comme de leurs droits, abandonner la politique d'exécution, dont l'aboutissement fatal est l'anéantissement de l'œuvre bismarckienne, et adopter au contraire une attitude de résistance, seule capable de donner des résultats, comme la revue assure que ç'a été le cas chaque fois que le Gouvernement du Reich a su y recourir. Sans doute les Allemands ne peuvent-ils, pour le moment, lutter par les armes. Mais ils peuvent opposer à leurs vainqueurs une volonté plus forte qui les lassera à la longue. Ils peuvent, ils doivent, par une propagande incessante, par une « agitation à l'intérieur et à l'extérieur », ruiner le fondement du Traité de Versailles, ce « mensonge de la culpabilité unique de l'Allemagne ». Leur suprême espoir est dans l'« esprit de vérité ».

On se propose, dans la présente étude, d'examiner les arguments produits par les collaborateurs des *Süddeutsche Monatshefte* et de rechercher s'ils tendent, vraiment, à faire éclater la vérité ou n'ont pas, au contraire, pour but réel, de la travestir.

Ces arguments, nous venons de le dire, sont disséminés dans huit articles différents. Pareille dispersion rend assez malaisée une réfutation ordonnée suivant un plan logique. Tenant à être, du moins, complets et aussi précis que possible, nous nous sommes arrêtés au parti suivant.

Des huit articles insérés dans les *Süddeutsche Monatshefte* deux, intitulés « Verlorenes deutsches Blut » (sang allemand perdu) et « Verlorenes deutsches Gut » (biens allemands perdus), sont consacrés à une critique d'ensemble des clauses mêmes du Traité de Versailles. Ils constituent, en quelque manière, la base des attaques dirigées contre cet acte. Nous nous attacherons, d'abord, à ces deux articles. Nous prendrons, une à une, les énonciations qui s'y trouvent et nous nous efforcerons de les contrôler pour vérifier s'il est exact, comme la revue le prétend, que les stipulations du Traité soient exorbitantes. Cela fait, nous relèverons les arguments dispersés dans le reste du recueil et qui tendent, presque tous, à incriminer les conditions dans lesquelles les négociations de Versailles furent entreprises et ont abouti. Nous examinerons si les *Süddeutsche Monatshefte* sont fondés à conclure que le Traité doit être considéré comme vicié dans son essence. Une référence continue à la pagination de la revue permettra au lecteur de suivre le développement de notre réfutation et de constater, ainsi, que rien n'a été, par nous, laissé dans l'ombre.

CESSIONS TERRITORIALES IMPOSÉES À L'ALLEMAGNE

PAR LE TRAITÉ DE VERSAILLES.

L'article « Verlorenes deutsches Blut » (p. 331-339), par lequel nous commencerons la présente étude, est, son titre l'indique, consacré à un exposé des pertes de territoires et d'habitants occasionnées à l'Allemagne par le Traité de Versailles. Il débute par une remarque générale, visiblement destinée à frapper, dès l'abord, l'esprit des lecteurs, surtout des neutres, des Américains.

Les territoires cédés par l'Allemagne en 1919, fait remarquer l'auteur, représentent environ 12 p. 100 de la superficie et 10 p. 100 de la population totale de l'ancien Empire. Si pareille amputation était imposée aux États-Unis, cela équivaudrait, pour eux, à perdre les treize États de la Nouvelle Angleterre ou à voir la population de l'État de New-York passer sous une domination étrangère. Plus loin (p. 334), après avoir rappelé que six millions d'Allemands vivent en Autriche, quatre millions en Tchéco-Slovaquie, un million en Iougo-Slavie, les *Süd. Monatshefte* ajoutent « ces Alle-« mands se perdront (littéralement : se corrompront « verderben ») sous la pression « d'une domination étrangère s'ils sont séparés du Reich. Combien d'Américains les « États-Unis laisseraient-ils se perdre à l'étranger. » Et l'auteur de l'article conclut que ces Allemands ont été victimes d'une violation du principe de libre disposition.

M. Endres oublie une première chose. C'est une règle générale, fondée sur des motifs de bon sens, et dont il a été fait application tout récemment encore dans l'affaire d'Aland, que le droit de libre disposition appartient aux groupes de population formant un tout, non aux agglomérations ethniques individuelles. Sans cela, à part les rares pays à qui l'ancienneté de leur formation a donné, comme c'est le cas pour la France, une cohésion absolue, aucun État ne pourrait avoir de frontière fixe. Il suffirait de l'afflux de colons étrangers dans une commune ou dans un district pour que l'unité du pays fût mise en péril. Or la Bohême forme évidemment, au triple point de vue historique, géographique, économique, un ensemble, un tout. La minorité y a suivi la loi de la majorité. La décision prise en ce qui concerne les Allemands de Bohême, et qui d'ailleurs a été édictée non par le Traité de Versailles mais par celui de Saint-Germain, est donc, comme celle qui se rapporte à leurs congénères établis en Iougo-Slavie, l'application, non la violation du principe. Au surplus, le Traité contient des prescriptions formelles, précises, destinées à assurer, dans ces pays, le respect de leurs droits ethniques aux nationalités étrangères.

Pour ce qui est des Allemands d'Autriche, il serait trop long de rechercher, ici, dans quelle mesure le mouvement de rattachement au Reich doit être considéré comme réel ou factice, durable ou éphémère. Ce mouvement, en tout cas, peut paraître tardif. Il n'en existait pas trace aux temps de Frédéric II et de Marie-Thérèse ni pendant les années qui ont suivi Sadowa. Est-il, au surplus, besoin de rappeler que ce ne sont pas les accords de Versailles ni de Saint-Germain qui ont séparé de l'Allemagne les Allemands d'Autriche. C'est le Traité que la Prusse victorieuse a dicté, à Prague, en 1866.

Quant aux rapprochements essayés, par M. Endres, entre l'Allemagne et les États-Unis, ils manquent complètement de fondement. Prétendre, parce que leur étendue est égale, comparer les territoires cédés par l'Allemagne en 1919 et les treize États de la Nouvelle Angleterre, c'est oublier que les premiers — Alsace-Lorraine, Slesvig, Poznanie — avaient été annexés par la violence et que la Prusse y maintenait un régime d'oppression contre lequel les populations ne cessaient de protester, tandis que les treize États sont la terre classique de l'indépendance, le berceau de la liberté d'un monde. Et c'est, de même, méconnaître la réalité des choses que de demander, comme fait M. Endres, « combien d'Américains les États-Unis laisseraient se perdre à l'étranger ». Les Américains, habitants d'un des pays les plus riches du monde, n'émigrent pas, ainsi que font les Allemands. Il n'y a donc pas de colonies américaines qui puissent « se perdre à l'étranger ». Par contre, il existe, aux États-Unis, de nombreuses colonies allemandes. Très sagement, le Gouvernement fédéral tient la main à ce que ces émigrés se fondent rapidement dans la masse. M. Endres va-t-il, comme pour ceux de Iougo-Slavie ou de Bohême, récriminer aussi à l'occasion de ces Allemands qui se « perdent » en Amérique ?

Laissons ces fantaisies et venons-en aux objections soulevées par les *Süd. Monatshefte* contre les clauses territoriales du Traité de Versailles. M. Endres examine celles-ci une à une. Nous le suivrons paragraphe par paragraphe.

Alsace-Lorraine. (P. 331-332.) — C'est par l'Alsace-Lorraine que M. Endres commence son exposé. Suivant lui, l'Alsace appartient à l'Allemagne depuis que des tribus alémaniques l'ont conquise au vᵉ siècle et que le Traité de Mersen l'a, en 870, attribuée à l'Empire germanique. En 1648, la France a commencé à s'introduire dans le pays et à « ravir leurs libertés aux villes impériales ». « Cette injustice française a été réparée, en 1871, par la paix de Francfort. Le Traité de Versailles l'a renouvelée. »

On ne s'attendait guère à une pareille argumentation ; le vaincu invoquant le droit du plus fort, le droit de conquête ! M. Endres n'a-t-il pas senti que, si c'est la force des armes qui crée les titres, nous en avons de meilleurs que ceux des Allemands, car la victoire des soldats de Foch a passé sur l'œuvre des hordes alémaniques et l'accord de Mersen est bien ancien pour valoir contre les Traités de Westphalie et de Versailles. Les arguments des *Süd. Monatshefte* sont, d'ailleurs, inopérants en ce qui concerne la Lorraine. Mais la France fonde ses droits sur d'autres titres que les résultats des luttes barbares du vᵉ siècle ou qu'un parchemin du ixᵉ. Elle n'invoque pas le droit de conquête, elle qui a, précisément en Alsace, fait, lors de l'incorporation de Mulhouse, l'une dés premières applications du principe moderne de libre disposition. L'Alsace-Lorraine, pour nous, est française par cette raison, péremptoire et suffisante, que les Alsaciens-Lorrains veulent être Français, qu'ils l'étaient et ont toujours manifesté leur volonté de le rester depuis l'époque où, cessant de se considérer comme la chose d'un souverain, les peuples d'Europe se sont éveillés aux sentiments de nationalité, de liberté, d'indépendance (1).

A M. Endres, qui va chercher si loin des titres — sans d'ailleurs remonter jusqu'au temps où l'Alsace était gallo-romaine — faut-il rappeler ce qui s'est passé en 1871 ? L'Assemblée nationale s'était réunie à Bordeaux pendant qu'on négociait, à Versailles, les préliminaires de paix. Déjà, on soupçonnait les exigences du vainqueur. Le 17 février, les députés des provinces menacées de devenir allemandes protestèrent, tous, dans les termes les plus formels, les plus énergiques, les plus pathétiques, de la volonté de leurs mandants de rester Français. Cette protestation solennelle, ils la renouvelèrent le 1er mars, lors de la ratification des préliminaires.

Les députés avaient été élus plusieurs mois après que les Français eussent évacué l'Alsace-Lorraine. Aucune pression, donc, n'avait pu être exercée, par nous, sur les électeurs de ce pays. La protestation de Bordeaux, par suite, était bien l'expression libre, sincère, de la volonté des Alsaciens-Lorrains de demeurer Français. Elle ne devait pas être la seule manifestation de cette volonté. Dès l'annexion, les Allemands avaient mul·tiplié les mesures tendant à germaniser le pays. La langue française fut interdite pour la rédaction des actes publics, chassée de l'école, traquée jusqu'aux devantures des magasins. Les journaux publiés en France furent arrêtés à la frontière. Les associations suspectes de sentiments français furent dissoutes. Une organisation spéciale de passeports entrava les relations avec la France. Toutes ces mesures s'appuyaient sur un régime dictatorial que le tribunal de Leipzig soutenait de ses multiples condamnations. Le but n'en fut pas moins manqué.

Le Traité de Francfort stipulait que les Alsaciens-Lorrains qui opteraient pour la nationalité française devraient émigrer avant le 1er novembre 1872. C'était briser tout lien avec le pays qui les avait vus naître, abandonner leurs foyers, compromettre leurs intérêts matériels. Cependant 158,000 Alsaciens-Lorrains, le dixième de la population, optèrent pour la France et émigrèrent. En 1874, après trois ans d'un régime de compression inouïe, quand l'Alsace-Lorraine fut appelée à nommer des représentants au Parlement allemand, les quinze députés qu'elle envoya s'unirent tous, dès la première séance, pour renouveler d'un accord unanime, devant le Reichstag, la protestation de Bordeaux et affirmer hautement, une fois de plus, la volonté de l'Alsace-Lorraine de rester Française.

Ces faits, que M. Endres n'a garde de rappeler, nous dispensent de nous étendre sur

---

(1) Les Allemands ne se sont d'ailleurs avisés qu'assez tard de revendiquer l'Alsace. Pendant long-temps, on avait admis, sans réserve, de l'autre côté du Rhin, même dans les chancelleries, que cette province est française. Entre autres témoignages, nous citerons un mémoire présenté par le Baron de Schmettau, représentant du Gouvernement prussien aux conférences de paix de 1709 — moins de trente ans après la réunion de Strasbourg à la France — et où il était dit textuellement : «Il est notoire que les habitants de l'Alsace sont plus Français que les Parisiens et que le roi de France est si sûr de leur affection à son service qu'il leur ordonne de se fournir de fusils, d'épieus et hallebardes, de pistolets, de poudre et de plomb, toutes les fois que le bruit court que les Allemands ont dessein de passer le Rhin, et qu'ils courent en foule sur le bord de ce fleuve pour en empêcher ou du moins en disputer le passage à la nation germanique au péril évident de leur propre vie.» — En 1914, quand les troupes françaises franchirent les Vosges, l'Empereur allemand n'appela pas, comme Louis XIV faisait aux xviie et xviiie siècles, les habitants de l'Alsace à la défense de leur pays. Il envoya au loin, sur le front russe, ceux que sa police n'avait pas jetés en prison.

ses autres énonciations relatives à la question d'Alsace-Lorraine. Il objecte que l'idiome parlé par la majorité de la population est un dialecte germanique. Sans doute. Mais qu'importe la langue si le cœur est français. Il y a, dans la République helvétique, des cantons qui parlent français, allemand, italien. En sont-ils moins Suisses, et la France, l'Italie, s'avisent-elles de réclamer ceux où prédomine leur langue? Suivant M. Endres, la possession de l'Alsace-Lorraine permet à la France de menacer l'Allemagne du Sud. C'est une supposition gratuite, qui ne s'appuie sur aucun fait, et il est facile d'y répondre en montrant quelle menace a été, pour la France, l'établissement de l'Allemagne à Strasbourg et à Metz. M. Endres invoque, aussi, comme des titres, le développement économique de l'Alsace et de la Lorraine pendant la domination allemande. Mais l'essor des districts voisins de l'Alsace-Lorraine restés français n'a pas été moins grand durant la même période. Ce qui avait, avant la guerre, retardé les progrès de ces régions, c'est que leurs mines de fer, composées de minerais phosphoreux, réfractaires aux méthodes ordinaires de réduction, sont restées longtemps inutilisables. Quand l'invention du procédé Thomas — une découverte qui n'est pas allemande — permit en 1875, plusieurs années après la guerre, de les employer, les usines s'élevèrent des deux côtés de la frontière et rien ne permet de dire qu'elles eussent été moins nombreuses dans les pays annexés, si la domination allemande n'y avait pas remplacé le régime français.

M. Endres cherche également à faire état du mouvement intellectuel, d'inspiration germanique, qui s'est manifesté dans l'Alsace du moyen âge, ainsi que de certaines appréciations émises par des écrivains anglo-saxons sur la question d'Alsace-Lorraine. Celles-ci n'ont guère de valeur. Carlyle, que cite M. Endres, était sans doute un écrivain éminent. Mais, comme historien, il n'a jamais passé pour infaillible. D'ailleurs, aurait-il écrit, dans le *Times* du 11 novembre 1870, que « l'astuce de Richelieu et le glaive de Louis XIV étaient les seuls titres de la France à la possession de l'Alsace et de la Lorraine » s'il avait pu, à cette époque, prévoir les protestations de Bordeaux et de Berlin que nous venons de rappeler? Et la contradiction que M. Endres essaye d'établir entre les déclarations faites par M. Wilson, en 1918, sur la question d'Alsace-Lorraine et une phrase d'un de ses livres publié en 1913, n'existe que dans l'esprit du collaborateur des *Süd. Monatshefte.* Cette phrase, en effet, qu'il reproduit, ne contient pas la moindre mention de l'Alsace-Lorraine. Quant au mouvement intellectuel de caractère germanique qui s'est développé en Alsace, personne ne songe à en contester la réalité. Mais personne, non plus, ne saurait admettre les conclusions que cherche à en tirer M. Endres. Tous les écrivains qu'il cite peuvent avoir, nés en Alsace, composé leurs ouvrages dans un dialecte germanique. Ce fait ne saurait prévaloir contre le fait que les Alsaciens se sentent Français, veulent être Français. Si Goethe a connu en Alsace la jeune fille, au nom d'ailleurs français (Brion), qu'il a prise pour type de la « Gretchen allemande », son souvenir se trouve, à Strasbourg, associé avec celui de l'asteur qui y conçut l'idée de quelques-unes de ses géniales découvertes. Et en admettant, ce dont les critiques ne sont au surplus pas d'accord, que les auteurs de Tristan et Yseult soient des minnesänger d'origine germano-alsacienne, les harmonies que leur poème a inspirées à Wagner ne sauraient faire oublier qu'à Strasbourg est né, dans une poussée de fièvre patriotique, ce « chant de guerre de l'armée du Rhin » qui, sous le nom de « Marseillaise », devint l'hymne même de la France.

M. Endres, en terminant, reproche à la France de ne pas avoir, en 1919, procédé, en Alsace-Lorraine, à un plébiscite.

Cette observation témoigne d'une méconnaissance absolue du principe de libre disposition. En 1871, l'Allemagne avait pris par la violence, contre le vœu manifeste, formel, des habitants, l'Alsace-Lorraine qui n'avait cessé d'être française depuis le temps où la Constitution américaine et la Déclaration des Droits de l'Homme avaient proclamé que les peuples n'étaient pas des choses dont le souverain disposait à son gré, mais une association de citoyens. Au point de vue des principes, cette annexion n'était qu'un acte de force, sans valeur juridique. Il n'y avait pas mutation de droit mais simple détention précaire. Faire ratifier, par un plébiscite, la désannexion opérée en 1919, c'eût été reconnaître valeur juridique à l'acte de force accompli en 1871. Ce n'aurait donc pas été appliquer les principes mais au contraire les méconnaître. En fait, d'ailleurs, s'il était besoin d'un témoignage des sentiments avec lesquels les Alsaciens-Lorrains ont accueilli leur libération, on le trouverait dans les manifestations inéquivoques qui ont marqué l'arrivée de nos troupes dans les provinces reconquises. Et, au cas où M. Endres voudrait un vote populaire, il n'aurait qu'à consulter le résultat des élections qui suivirent, en Alsace-Lorraine, le Traité de Versailles. Pas un candidat allemand ne fut élu (il ne s'en présenta même pas, tant étaient connus les sentiments de la population) dans ce pays qui, longtemps encore après la paix de Francfort, n'envoyait au Reichstag que des protestataires. Et quand ils arrivèrent à Paris, tous les représentants de ce qui avait été l'Alsace-Lorraine apportèrent, d'un geste unanime, à la tribune de la Chambre, à celle du Sénat, comme un écho de la protestation faite à Bordeaux un demi-siècle avant par leurs aînés, l'affirmation renouvelée de l'indéfectible attachement de leurs mandants à la France.

Si insuffisante que fût l'argumentation de M. Endres, nous avons tenu à nous y arrêter. Déjà, dans le Préambule, les *Süd. Monatshefte* avaient été jusqu'à dire (p. 318) que « le peuple allemand mourait en la personne de tout enfant qui, né près de la Cathédrale de Strasbourg, n'apprenait plus que le français ». Cette insistance à revendiquer l'Alsace-Lorraine comme allemande est, malheureusement, caractéristique. Nombre d'esprits comptaient que, une fois réparé ce que le Président Wilson, dans son huitième point, appelait si justement « le tort causé à la France par la Prusse dans la question d'Alsace-Lorraine et qui avait troublé la paix du monde pendant près de cinquante ans », le monde retrouverait enfin la tranquillité à laquelle aspirent tous les hommes de bonne volonté. Si les tendances dont témoignent les manifestations auxquelles les *Süd. Monatshefte* ont accordé leur publicité venaient à prévaloir en Allemagne, c'en serait fait, hélas! de telles espérances. Qui porterait, alors, la faute de ce retour aux temps sinistres de la paix armée, de la défiance entre les peuples, des menaces continues de conflits sanglants et ruineux?

Eupen et Malmédy. (P. 332.) — M. Endres ne consacre que quelques lignes aux acquisitions territoriales réalisées par la Belgique en 1919. La première, Eupen, faisait partie autrefois du Limbourg belge. Malmédy était une ancienne Abbaye de Bénédictins dépendant du monastère de Stavelot et comprise, par suite, dans la principauté de Liége. La population y était en majorité de langue française. M. Endres prétend que cette situation se serait modifiée et que 82 p. 100 des habitants parleraient allemand aujourd'hui. Nous ignorons sur quelles données il base cette assertion. En tout cas, le caractère wallon de Malmédy a été reconnu à la séance du 1er mars 1919 de la Commission des affaires Belges et Danoises, notamment par le délégué Nord-Américain, M. Haskins.

La Prusse n'avait donc aucun titre pour annexer, comme elle le fit en 1815, ces deux districts et le Traité de Vienne ne les lui avait donnés que pour compléter les 1,100,000 « âmes » qu'il fallait trouver sur la rive gauche du Rhin afin d'obtenir du Cabinet de Berlin qu'il renonçât à ses visées sur la Saxe.

Quant à Moresnet, ce territoire dépendait de la province de Liége. Mais la Prusse, depuis 1815, en avait contesté la possession successivement aux Pays-Bas et à la Belgique, dans le dessein de s'approprier la très riche mine de calamine, dite la Vieille Montagne, dont les gisements sont situés dans ce district.

Ce n'était pas là, pour l'Allemagne, des titres de possession bien reluisants. M. Endres n'y insiste pas. Il se contente de protester contre la forme dans laquelle a eu lieu le plébiscite institué, pour ces territoires, par le Traité de Versailles et qui n'a donné d'ailleurs qu'un nombre de voix insignifiant en faveur du maintien de la domination allemande.

Pologne. (P. 332.) — M. Endres reproche aux clauses du Traité de Versailles concernant la Pologne d'être en opposition avec le treizième des quatorze points du Président Wilson, lequel prévoyait la constitution d'un État Polonais indépendant, comprenant les territoires habités par des populations indiscutablement polonaises. Il argue de ce que, dans la Prusse occidentale, la population serait en majorité allemande.

L'indication, en soi, est exacte. Mais elle ne pourrait être opposée aux stipulations du Traité de |Versailles que si la Prusse occidentale entière avait été donnée à la Pologne. Or une partie seulement de cette province, la partie polonaise, est passée sous l'autorité de Varsovie. L'observation des *Süd. Monatshefte* ne peut donc servir qu'à abuser le lecteur et à montrer, une fois de plus, le parti pris, on serait tenté d'écrire la mauvaise foi, de cette revue.

En fait, les territoires attribués, par le Traité de Versailles, à la Pologne sont peuplés, en très grande majorité, de Polonais. D'après une publication qui ne saurait être suspectée d'hostilité aux prétentions du Reich, l'*Almanach de Gotha* (1921, p. 998), il n'y aurait, dans le nouvel État, que 5.5 p. 100 de la population qui fût allemande. Cela ferait un peu plus d'un million.

C'est beaucoup encore. Mais, étant donné l'enchevêtrement des races dans cette partie de l'Europe — circonstance dont au surplus est surtout responsable la politique de germanisation et de colonisation forcée par laquelle l'Allemagne, depuis un siècle et demi, a cherché à mordre sur le bloc polonais — il était matériellement impossible, malgré leur souci d'impartialité, aux plénipotentiaires de Versailles, de tracer, entre les deux nationalités, une ligne de démarcation qui n'empiétât pas sur l'une ou sur l'autre. Très probablement, il y a à peu près autant — il y a peut-être plus — de Polonais restés en Allemagne qu'il ne se trouve d'Allemands dans la nouvelle République.

M. Endres objecte encore, à propos des territoires cédés par l'Allemagne à la Pologne, que ces provinces avaient été « finalement acquises » à la Prusse en vertu des Traités de Vienne, lesquels avaient été contresignés par toutes les grandes Puissances, dont la France.

Il est vrai que, après les désastres de la retraite de Russie, de la campagne de 1813, puis de Waterloo, la France, vaincue, avait dû, en même temps qu'à la sienne, souscrire à la déchéance de la Pologne. Mais personne, pas même sans doute M. Endres, ne pourrait songer à rendre la France responsable du tort fait, par les traités de Vienne, à la Pologne. La ruine — momentanée — de celle-ci ne date pas au surplus de 1815. Elle est l'œuvre des trois partages effectués au xviiie siècle, et auxquels le roi de Prusse Frédéric prit une si large part.

Nous ne nous arrêterons pas à ce que M. Endres dit du rôle que l'Allemagne aurait joué dans ces régions, « luttant depuis des siècles contre l'ignorance polonaise et contre la crasse polonaise ». Par contre, on ne saurait laisser passer la comparaison qu'il prétend faire entre les pionniers américains du Far West et les « pionniers allemands » des Marches orientales. C'est, en cinq pages, le cinquième appel adressé à l'opinion américaine pour l'intéresser aux griefs de l'Allemagne contre le Traité de Versailles. Mais, si les pionniers du Far West trouvent quelque émigré polonais qui puisse leur décrire comment s'exerçait ce que les *Süd. Monatshefte* appellent l'action civilatrice de la Prusse, ils ne seraient rien moins que flattés, ils seraient certainement outrés du parallèle que M. Endres cherche ainsi à établir. C'est, prétend celui-ci, « par la charrue, par la pioche et par le livre d'école » que les Allemands ont conquis les Marches orientales. Au vrai, c'est par l'épée et par l'incendie, c'est *ferro et igne*, que les chevaliers Porte-glaives, que les chevaliers teutoniques ont imposé leur domination aux Slaves, exterminant des populations entières et réduisant les survivants au plus dur servage. Après avoir ainsi germanisé par la violence le Brennabor, devenu le Brandebourg, puis le pays des Borusses, devenu la Prusse, les Allemands, quand ses discordes intestines eurent fait de la Pologne une proie facile, ont dirigé leur action sur les populations des rives de l'Oder. Sans doute, les procédés sanguinaires du moyen âge n'étaient-ils plus de mode à la fin du XVIIIe siècle et au XIXe. Mais, pour avoir changé de forme, la campagne de germanisation ne s'en poursuivit pas moins implacable. Mesures restrictives sans nombre, dénis de justice systématiques, expulsions, rien ne fut négligé. Les habitants polonais n'eurent même plus le droit de construire des maisons sur leur propre terrain, ni de réparer celles qui menaçaient ruine. Une loi de 1908, l'« Enteignungsgesetz », permit de confisquer, moyennant une indemnité illusoire, les biens du propriétaire de race polonaise et de l'expulser pour établir à sa place, aux frais des contribuables, des colons de race allemande. Et puisque M. Endres a parlé du « livre d'école », rappelons que la langue polonaise — la langue de Copernic, de Sienkiewicz — fut interdite; les enfants qui s'en servaient à l'école, ne fût-ce que pour dire leur prière, étaient fouettés, leurs parents condamnés à l'amende, parfois à la prison.

En terminant, rassurons M. Endres. A la fin de ses observations, il évoque, en termes pathétiques, la menace maximaliste. Il remarque que, du fait du Traité de Versailles, ce ne sont plus les Allemands, ce sont des Slaves qui, maintenant, montent la garde contre le bolchevisme et se demande s'ils sauront remplir leur mission. Elle est importante. Mais les Polonais, déjà, ont su s'en montrer dignes. Il n'y a pas longtemps — il n'y a pas trois ans — ils ont repoussé victorieusement une invasion des armées rouges que, d'ailleurs, loin de s'y opposer, les Allemands encourageaient au moins de leurs vœux. Et les Polonais ne faisaient que renouer ainsi une ancienne et glorieuse tradition. M. Endres, dans son article, rappelle, pour exciter en leur faveur l'intérêt, que les Autrichiens ont longtemps défendu l'Europe contre la barbarie orientale. Rappelons, à notre tour, que les Polonais ont pris leur très large part de cette tâche. Sans les armées de Sobieski, Vienne même aurait vu flotter sur ses murs l'étendard du Prophète.

Dantzig. (P. 332-333.) — La question de Dantzig est exposée, dans les *Süd. Monatshefte*, d'après le point de vue allemand. M. Endres n'en reconnaît pas moins que, après avoir fait partie quelque temps de la ligue hanséatique, Dantzig se plaça, en 1454, sous le protectorat de la Pologne. Pendant trois siècles et demi, elle resta ainsi ville libre sous le protectorat polonais, jusqu'au moment où la Prusse, lors du deuxième partage de la Pologne, l'annexa de force. Le Traité de Versailles en a fait, de nouveau, une Ville Libre. Il s'est donc borné à rétablir la situation de droit que la Prusse avait interrompue, en 1793, par un coup de force. Et si quelque pays est fondé à récriminer, ce n'est certes pas l'Allemagne, héritière de la Prusse. Dantzig, avant 1793, était, nous venons de le voir, sous le protectorat de la Pologne. La ville est placée, aujourd'hui, sous la protection de la Société des Nations, représentée par un Haut Commissaire, sur la nomination duquel le Gouvernement de Varsovie n'a pas plus d'influence que n'en ont ceux du Hedjaz ou de Libéria. Les seuls avantages reconnus à la Pologne consistent en une union douanière, dont la géographie faisait d'ailleurs une nécessité, en la représentation de la Ville Libre vis-à-vis des pays étrangers et en diverses stipulations destinées à assurer aux Polonais le libre usage du port, des voies d'eau et du réseau ferré. Pour montrer combien peu de portée ont ces dernières dispositions, il suffira de rappeler que, en 1920, au moment où la Pologne, envahie par les bandes bolcheviks, faisait venir par Dantzig, seul chemin qui lui fût ouvert, les ravitaillements dont son armée avait alors un besoin urgent, il fallut de longues et épineuses négociations avant que l'administration de la Ville Libre consentît à laisser passer ces expéditions.

Rappelons encore ceci. M. Endres, à propos de l'attribution à la Pologne d'une partie de la Prusse occidentale, a cité le 13e des 14 points de M. Wilson. Mais il n'en a pas reproduit intégralement le texte. Il a omis un membre de phrase stipulant qu'on devrait assurer à la Pologne « un libre et sûr accès à la mer ».

Ces mots, que les *Süd. Monatshefte* n'ont eu garde de rapporter, visaient évidemment l'attribution à la Pologne de la ville qui, placée pendant trois siècles et demi sous son protectorat, avait été durant tout ce temps, et était restée depuis lors, le débouché naturel du commerce polonais.

Le vœu du Président n'a pas été réalisé. Ce n'est donc pas l'Allemagne, ce serait plutôt la Pologne qui serait fondée à se plaindre des décisions prises, à Versailles, pour Dantzig. Si le pharisaïsme avait été en honneur chez les Alliés, il eût pourtant été facile d'appliquer intégralement le 13e point, sans violer la lettre des principes. Les *Süd. Monatshefte*, à propos précisément de Dantzig, demandent pourquoi il n'y a pas eu de plébiscite dans cette ville, en Poznanie et dans la Prusse occidentale. On sait que, étant donné les conditions dans lesquelles la Pologne avait été partagée, à la fin du XVIIIe siècle, par un coup de force, les Plénipotentiaires de Versailles avaient restitué à ce pays, purement et simplement, les territoires, peuplés d'une majorité polonaise évidente, qui lui avaient été enlevés. Pour tous les districts au sujet desquels il y avait doute, Allenstein, Marienwerder, Haute-Silésie, un plébiscite devait décider. Il eût suffi de faire voter ensemble, outre Dantzig, les districts incertains et les régions où la majorité polonaise était considérable pour que les suffrages allemands fussent noyés dans la masse, ce qui eût permis d'attribuer à la Pologne, sans violer directement le principe de libre disposition, tous les territoires qu'elle pouvait convoiter. Les Plénipotentiaires de Versailles n'étaient pas hommes à employer machination aussi hypocrite. Leur correction est bien mal reconnue par les Allemands.

Haute-Silésie. (P. 333-334.) — Suivant M. Endres, la Pologne n'aurait aucun droit historique sur la Haute-Silésie, « car les ducs haut-silésiens, les Piastes, avaient, « dès le XIIe siècle, appelé, dans le pays, les chevaliers allemands, les moines alle- « mands, les bourgeois allemands, les paysans allemands. C'est par eux que la Haute- « Silésie a été conquise, non avec le glaive mais avec la charrue ». La Pologne, d'après lui, n'aurait pas davantage de droits au point de vue économique, car les mines et usines de cette région ont été mises en exploitation au XIXe siècle par la Prusse, ni au point de vue culturel, car les deux grands poètes de la Haute-Silésie sont des Allemands. C'est donc, conclut-il, la force, non le droit, qui a présidé à la décision par laquelle une partie du territoire a été attribuée à la Pologne.

Reprenons ces arguments. Et, d'abord, rectifions, en le complétant, l'exposé historique de M. Endres. Ce n'est pas du xiie siècle que datent les premières tentatives faites par les Allemands pour s'implanter en Silésie. Quand le grand empire Morave fondé au ixe siècle par Svatopluk, et qui comprenait la Silésie, se désagrégea en 908, par suite des désaccords entre les héritiers de ce prince, l'Empereur d'Allemagne, Henri Ier, essaya déjà, par force et par ruse, de s'emparer de cette province slave. Il échoua dans sa tentative, et la Silésie passa sous la souveraineté des ducs de Pologne de la dynastie des Piast. Après la mort du Piast Henri II, tué en 1241 à la bataille de Wahlstadt (par parenthèse, en repoussant une invasion mogole qui menaçait l'Europe occidentale), le pays fut morcelé, déchiré par des divisions intestines dont les rois de Bohême profitèrent pour y établir leur suzeraineté. A la fin du xve siècle, la Silésie passa sous l'autorité des rois de Hongrie, qui respectèrent d'ailleurs son autonomie, puis en 1526, à la mort de Louis, roi de Hongrie et de Bohême, elle vint aux mains de la maison d'Autriche. Entre temps, il est exact que des colons, venus d'Allemagne ou des Flandres, s'étaient, en assez grand nombre, établis dans le pays. Mais ils ne l'avaient pas plus conquis « par la charrue », comme dit M. Endres, que l'Empereur allemand Henri Ier n'avait réussi à s'en emparer par la force et la ruse. Jusqu'au milieu du xviiie siècle, donc, les Moraves, les Polonais, les Hongrois, les Habsbourg avaient eu, successivement, des « droits historiques » sur la Silésie. Les Allemands n'en avaient, eux, aucun. Leurs titres ont une autre origine. M. Endres s'est gardé de la rappeler. C'était d'ailleurs chose superflue, car nul n'ignore comment Frédéric II s'empara, en 1740, de la Silésie, par un mélange de violence et d'astuce qui souleva les consciences, pourtant blasées, de ses contemporains. Le sort des armes lui ayant été favorable, le traité de Breslau sanctionna, en 1742, son coup de force et les amis du Roi Philosophe chansonnèrent le « vol d'une province » par le souverain si respectueux des droits du meunier Sans-Souci. Mais nous sommes loin de cette conquête par la charrue dont M. Endres essaye d'accréditer la légende.

La Silésie une fois annexée, Frédéric II et, après lui, ses successeurs y appelèrent de nombreux Allemands qui vinrent s'y installer à côté des anciens colons étrangers dont beaucoup, nous l'avons vu plus haut, étaient originaires non de l'Allemagne, mais des Flandres. En même temps, un régime très semblable à celui que nous avons rencontré déjà dans les districts enlevés par la Prusse à la Pologne fut appliqué pour enlever au pays son caractère slave originel. Partout les Allemands étaient favorisés, les Polonais tenus à l'écart. L'accès aux fonctions administratives et publiques, aux écoles où se formait l'élite intellectuelle, était rendu particulièrement difficile aux candidats de race slave.

Par ces procédés, la Prusse réussit à germaniser tout le Nord de la province et à empêcher longtemps dans le Sud, resté Slave, la formation d'un parti polonais assez fortement organisé pour pouvoir prendre utilement part aux élections. C'est seulement au début du xxe siècle que les premiers candidats protestataires parvinrent à s'ouvrir les portes du Reichstag.

L'œuvre de germanisation n'en était pas moins manquée dans toute une partie du pays. Des chiffres, que M. Endres ne saurait contester, puisqu'ils sont empruntés aux statistiques officielles allemandes (l'*Almanach de Gotha* les a reproduits, année 1921, p. 569), montrent que, avant la guerre, la Haute-Silésie (régence d'Oppeln) comptait 1,169,340 habitants parlant polonais et 57,347 parlant tchèque, soit au total 1,226,687 Slaves contre seulement 884,045 Allemands. C'est plus qu'il n'en faut pour compenser le fait que les deux meilleurs poètes silésiens sont, paraît-il, Allemands et que l'industrie de la province a été créée au xixe siècle par la Prusse. (La

Pologne eût été empêchée de le faire alors, car elle avait cessé d'exister depuis que la Prusse l'avait partagée avec la Russie et l'Autriche.)

Étant donné, d'une part cette situation, d'autre part les conditions dans lesquelles la Prusse s'était emparée de la Silésie, les Plénipotentiaires de Versailles auraient pu être induits à décréter, purement et simplement, le retour de la Haute-Silésie à la Pologne. On sait qu'ils ont subordonné l'attribution de ce territoire aux résultats d'un plébiscite auquel furent admises toutes les personnes nées dans la province, même si elles n'y résidaient pas, ce qui donnait le droit de vote aux enfants des nombreux fonctionnaires allemands ayant passé par la Silésie sans y conserver aucune attache. Le scrutin eut lieu, d'ailleurs, à un moment où l'avenir de la Pologne, menacée par les armées bolcheviks, aux prises avec d'extrêmes difficultés économiques, pouvait paraître des plus incertains. Et, dans les agglomérations urbaines, les patrons d'usines ou propriétaires de mines, dans les campagnes, les associations allemandes exercèrent une pression intense sur les électeurs.

Le plébiscite, finalement, ne donna pas des résultats correspondant à la proportion respective des populations allemandes et slaves. De très nombreux districts n'en avaient pas moins émis des votes témoignant d'une majorité nettement polonaise. Il eût été contraire à la fois aux clauses explicites du Traité de Versailles et à l'équité de ne pas les rattacher à la Pologne. M. Endres proteste contre la façon dont les territoires haut-silésiens ont été répartis entre cet État et l'Allemagne. Il nous suffira de répondre que le partage a été fait par une autorité au-dessus de tout soupçon, la Société des Nations, à la suite d'une enquête approfondie, effectuée sous la haute direction d'un homme dont nul ne saurait révoquer en doute l'impartialité, M. Calonder, ancien Président de la République helvétique. La Société a, au surplus, édicté tout un ensemble de précautions, minutieusement étudiées, de manière à prévenir les inconvénients que le partage de la Haute-Silésie entre deux États différents aurait pu entraîner, au point de vue du développement économique de cette région. Les appréhensions manifestées à ce sujet, par M. Endres, sont donc sans aucun fondement.

TERRITOIRES OCCUPÉS.

Rhénanie. (P. 334-335.) — La deuxième partie de l'article de M. Endres est consacrée aux « territoires occupés », Rhénanie et Sarre.

En ce qui concerne la Rhénanie, M. Endres prétend que, sous couleur d'assurer l'exécution du Traité de Versailles, la France cherche en réalité, par une occupation prolongée, à s'approprier ces territoires « purement allemands depuis la plus haute antiquité (uraltes rein deutsches Land) ».

Déjà, dans l'Avant-Propos (p. 317), les *Süd. Monatshefte* nous avaient nettement accusés de vouloir annexer la rive gauche du Rhin, allant jusqu'à prétendre que « les rares amis véritables de la paix qui, en France, ouvrent seulement la bouche pour protester contre de pareilles prétentions, sont assassinés comme l'a été Jaurès ».

Si les « amis véritables de la paix » sont, comme l'assure la revue, rares en France, les hommes qui ont été assassinés, chez nous, pour avoir protesté contre une annexion éventuelle de la rive gauche du Rhin sont plus rares encore. Au vrai, nous n'en connaissons pas un seul. N'en déplaise aux *Süd. Monatshefte*, Jaurès n'est nullement dans ce cas. Il a été tué par un individu qui fut, plus tard, reconnu atteint d'aliénation mentale, et dans des circonstances où la rive gauche du Rhin n'avait rien à voir. Si quelque assimilation était possible entre ce fait-divers isolé, profondément déplorable d'ailleurs, et les crimes politiques qui se multiplient depuis quelque temps en Allemagne, nous aurions beau jeu à répliquer en rappelant les nombreux attentats commis dans ce pays, par des fanatiques aux gages des organisations ultra-nationalistes, sur des hommes coupables seulement d'opposition aux menées pangermanistes. Nous nous contenterons de rappeler que les deux chefs du parti autonomiste en Rhénanie, MM. Dorten et Smeets, ont été, plusieurs fois, l'objet de tentatives d'assassinat. Le second, tout récemment encore, le 16 mars dernier, n'a échappé à la mort que par miracle.

Il y a, en effet, dans la Rhénanie, un parti autonomiste. M. Endres n'en souffle mot. Le mouvement n'en est pas moins réel, et le fait que l'on recourt à l'assassinat pour supprimer ses chefs suffit à témoigner qu'il n'est pas sans importance. Ajoutons — en spécifiant par avance que nul, chez nous, ne cherche à tirer de ces circonstances un argument à l'appui de visées annexionistes — que la Rhénanie n'est pas, autant que les *Süd. Monatshefte* cherchent à le faire croire, « purement allemande depuis la plus haute antiquité ». C'est seulement depuis les invasions barbares du cinquième siècle — la chose ne remonte donc pas si loin — que la rive gauche du Rhin a commencé de se germaniser. Avant, elle était gallo-romaine. Mayence est l'ancien Mogontiac des Gaulois; Cologne et Strasbourg s'appelaient, sous les Romains, Colonia Aggripina et Argentoratum. A la fin du xviii\ :\ * siècle, le pays se donna à la France. Quand l'acte final de Vienne l'attribua, en 1815, à la Prusse, la population manifesta, par des signes non équivoques, ses regrets d'un changement de nationalité qu'elle n'avait jamais sollicité. Et elle garda longtemps de notre occupation un souvenir fidèle. En 1818, trois ans après que le Traité de Vienne eut attribué la Rhénanie à la Prusse, un monument fut élevé dans Mayence à la mémoire du dernier préfet de l'Empire, Jean Bon-Saint-André, sur un terrain donné par la ville « en reconnaissance des services éminents de ce fonctionnaire français ». Plus tard, en 1834, un autre monument fut érigé dans cette ville — il existe encore — en souvenir des enfants de Mayence et de la région morts dans les rangs de l'armée française pendant les guerres de la Révolution et de l'Empire.

Encore une fois, si nous rappelons ces détails, c'est uniquement pour rétablir les faits, que M. Endres dénature si délibérément. Depuis le Traité de Campo-Formio, depuis le Traité de Vienne, depuis l'époque où les Rhénans élevaient un monument à ceux des leurs qui étaient morts pour la France, le temps a marché. La France, unique grande Puissance européenne qui n'ait jamais compté dans son Parlement un seul député protestataire, ne cherche, ni en Rhénanie, ni ailleurs, à annexer, contre le vœu des habitants, la moindre parcelle de territoire. En maintenant, à côté de celles des Alliés, ses troupes sur la rive gauche du Rhin, la France, loin de poursuivre les buts machiavéliques que certains Allemands lui prêtent, ne fait que se conformer à un usage constant. Toujours, après la paix, le vainqueur occupe une partie des territoires du vaincu pour assurer l'exécution des clauses du traité. La France, après le Traité de Versailles, occupe une partie de l'Allemagne, comme l'Allemagne, après le Traité de Francfort, avait occupé une partie de la France, comme la Prusse, après le Traité de Vienne, avait occupé déjà une partie de la France. Dans les trois cas, le procédé est identique. La seule différence est celle-ci. En 1871, en 1815, une très grande partie du territoire français avait été occupée, tandis que nous n'occupons, aujourd'hui, qu'une étendue relativement minime du territoire allemand et, d'autre part, en vertu du Traité de Versailles, notre occupation doit cesser complètement au bout d'un délai maximum de quinze ans si les conditions du Traité sont fidèlement observées par l'Allemagne, même dans le cas où à ce moment cette Puissance n'aurait pas rempli toutes les obligations qui lui ont été imposées, alors que les Traités de Francfort et de Vienne prolongeaient l'occupation étrangère jusqu'au jour où la France se serait acquittée de toutes ses charges et, notamment, aurait payé, jusqu'au dernier centime, l'indemnité de guerre.

M. Endres fait remarquer que l'occupation, dont les frais incombent à l'Allemagne occasionne à celle-ci des dépenses élevées. Les chiffres qu'il donne pour l'effectif des troupes françaises stationnées dans la Rhur sont tout à fait fantaisistes. Nous n'y avons pas, en réalité, le quart des 260,000 hommes qu'il annonce. Dans l'ensemble, cependant, le coût des armées d'occupation atteint un total assez voisin de celui qu'il indique. Mais, tout d'abord, si la dépense est considérable, il s'en faut et de beaucoup qu'elle ait déjà été remboursée intégralement. On ne saurait dire, par suite, comme fait M. Endres, que l'entretien des armées d'occupation « a coûté » près d'un milliard de dollars à l'Allemagne. Le total des dépenses remboursées par elle est très loin de ce chiffre. Il est donc un peu tôt pour crier misère. Ajoutons encore une remarque. M. Endres, à propos de l'occupation de la rive gauche du Rhin, prend constamment à partie la France. Voici, exactement, le montant de nos dépenses d'occupation (y compris le coût des commissions de contrôle) :

Période s'étendant jusqu'au 1ᵉʳ mai 1921............	1,278,260,000 marks-or.
Période s'étendant du 1ᵉʳ mai 1921 au 30 avril 1922.	224,472,000 —
Période s'étendant du 1ᵉʳ mai 1922 au 30 avril 1923.	101,693,000 —
Soit au total..................	1,604,425,000 —

Ce n'est pas beaucoup plus que le tiers des dépenses de tous les Alliés réunis (4,147,432,000 marks-or au 31 décembre 1922). Si la charge de l'occupation est lourde, la France n'y contribue que dans une proportion très sensiblement inférieure à l'importance de ses effectifs comme de ses intérêts. Il est donc souverainement injuste de la prendre, comme fait M. Endres, pour bouc émissaire à l'occasion des dépenses que l'occupation occasionne. Au surplus, c'est une règle constante que le débiteur supporte les frais de procédure. En 1815, en 1871, la Prusse a obligé la France à acquitter les dépenses, alors très lourdes aussi, des armées d'occupation. L'Allemagne, aujourd'hui, serait mal venue à protester contre l'application d'un principe aussi juste, en la circonstance, que le *patere legem*.

Sarre. (P. 335.) — M. Endres consacre une page entière à critiquer les stipulations du Traité de Versailles relatives au bassin de la Sarre. Dans son long factum, il oublie une chose, c'est qu'une partie de ce territoire est une vieille terre française. Sarrelouis a été fondée par Louis XIV et la ville n'a pas cessé d'appartenir à la France jusqu'au Traité de Vienne. C'est la patrie du maréchal Ney. Rien que pendant la Révolution et l'Empire, elle a donné à la France onze généraux et vingt-deux colonels. En 1814, encore, le Traité de Paris nous l'avait laissée. Mais, pendant les négociations de Vienne, des industriels prussiens s'avisèrent qu'il y avait, autour de Sarrelouis, d'importantes houillères où ils pourraient trouver le combustible dont ils avaient besoin pour leurs usines. Ils insistèrent, à Berlin, sur l'avantage d'annexer ces riches territoires à la province rhénane qu'on s'occupait de constituer au profit de la Prusse. Leurs arguments, tout utilitaires, prévalurent contre les principes de droit qu'invoquaient les négociateurs français. Et l'acte final du 9 juin 1815 enleva Sarrelouis à la France pour la donner à la Prusse.

Ce fait, que M. Endres omet de rappeler, avait créé, dans la vallée de la Sarre, une situation particulière que vint compliquer le développement des mines découvertes dans la suite et dont certaines se trouvaient chevaucher, à la fois, sur l'ancien territoire français de Sarrelouis et sur les districts voisins. Les négociateurs de Versailles se sont appliqués à résoudre les difficultés résultant de cet état de choses. On peut apprécier différemment les résultats auxquels ils ont abouti. Nul ne saurait suspecter les principes dont s'est inspirée leur décision et qui sont strictement conformes au droit puisque le règlement définitif de la question se trouve subordonné à un plébiscite par lequel la population sera appelée à statuer, elle-même, sur son sort. Et il est permis de se demander comment les petits-fils de ceux qui, en 1815, n'invoquant d'autres titres que la force, ont, pour s'emparer de ses gisements de houille, arraché Sarrelouis à la France, osent aujourd'hui chercher à discréditer les stipulations adoptées à Versailles touchant le bassin de la Sarre.

Ces dispositions, en elles-mêmes, n'ont, au surplus, nullement le caractère que M. Endres cherche à leur attribuer.

Il est exact que le territoire de la Sarre a reçu de la Commission de Gouvernement, nommée, on le sait, par le Conseil de la Société des Nations, des armes et des couleurs. Il était, en effet, de toute évidence, nécessaire de substituer, sur les édifices publics, des emblèmes particuliers à ceux de l'Allemagne. Mais cette mesure, si naturelle, n'a nullement, comme M. Endres essaye de le faire entendre, soulevé de protestations de la part des États-Unis. L'Allemagne elle-même, si prompte à critiquer les moindres actes de la Commission de Gouvernement, n'a présenté aucune réclamation à ce sujet.

Nous ne nous arrêterons pas aux insinuations d'ordre général que M. Endres élève, sans les baser sur aucun fait précis, contre l'action de la Commission de Gouvernement ou des agents français dans la Sarre. Il y mêle deux accusations positives que nous ne saurions, par contre, laisser passer.

Suivant M. Endres, l'introduction du franc comme étalon monétaire aurait eu pour effet de rompre l'équilibre des recettes et des dépenses dans les services des postes et chemins de fer et d'entraîner, par ailleurs, un « terrible » renchérissement du prix de la vie.

Remarquons, tout d'abord, que, si l'adoption du franc comme unité monétaire légale est, depuis quelque temps, à l'étude, aucune décision n'a été prise jusqu'ici à cet égard. La question va être soumise au Landsrath. Il est donc trop tôt pour déplorer les conséquences d'une réforme qui n'est pas encore réalisée. En attendant, sur la demande expresse des intéressés, que lésait gravement la baisse continue du mark, l'Administration de la Sarre a adopté le règlement en francs pour divers payements, notamment ceux aux ouvriers des mines. Cela a pu gêner certains porteurs de marks mais la mesure, réclamée par ceux-là même auxquels elle s'appliquait, répondait à un intérêt général évident. De même, pour permettre l'établissement d'un budget régulier des postes et des chemins de fer, l'Administration a fixé en francs les taxes de ces services, car leurs résultats étaient trop incertains avec une monnaie ayant une valeur aussi variable que celle du mark. Cette réforme a eu pour effet, non d'ouvrir l'ère des déficits comme le prétendent les *Süd. Monatshefte*, mais, au contraire, d'améliorer de façon très notable la situation financière des services. D'après les prévisions, les recettes, dès l'année prochaine, balanceront les dépenses. Et s'il y a encore actuellement un déficit, le cas n'est pas unique. Aujourd'hui, presque toutes les administrations des postes et des chemins de fer en Europe, sinon toutes, se trouvent dans une situation analogue. Le déficit des services sarrois est, d'ailleurs, relativement peu important. Rappelons à M. Endres, qui cherche des pailles dans la Sarre, l'existence de poutres en Allemagne. Dans ce pays, le résultat de l'année financière finissant le

31 mars a fait ressortir, pour les budgets des postes et des chemins de fer, un déficit de près de deux mille milliards de marks (exactement 1.978.982 millions). On est loin de ces proportions dans les administrations sarroises.

Rectifions encore une imputation portée, tout à fait indûment, contre celles-ci, par M. Endres. Nous avons vu ce que vaut son affirmation que l'introduction du mark aurait élevé le prix de la vie. M. Endres, toujours attentif à mettre les États-Unis dans son jeu, prétend encore que « l'action de secours américaine a partiellement manqué son but parce que même les envois de secours américains étaient frappés de droits de douane qui dépassaient de beaucoup la valeur de ces envois ».

Le territoire de la Sarre est soumis au régime douanier français. Mais, par décision du Ministre des Finances, en date du 10 novembre 1920, tous les colis de vivres et objets de consommation expédiés en Sarre par « l'American Relief Administration European Children Fund » à titre de dons, et destinés à être distribués gratuitement aux populations, ont été admis en franchise sous la seule condition des vérifications nécessaires à assurer un contrôle régulier. D'autre part, les Quakers ont reçu de la Commission de Gouvernement toutes facilités pour organiser, dans le territoire, des cantines scolaires. Les imputations des *Süd. Monatshefte* sont donc sans fondement aucun.

La «Honte Noire». (P. 335-336.) — Comme il était à prévoir, M. Endres, à l'occasion de la Rhénanie, évoque la Schwarze Schmach, la « Honte Noire ». Il flétrit l'« oppression permanente d'une race blanche par des hommes de couleur » et fait un tableau impressionnant des conséquences qui, selon lui, en résultent. L'auteur ne cite d'ailleurs aucun fait précis à l'appui de ses dires.

Nous n'avons donc pas à entreprendre ici une réfutation en règle et nous nous contenterons de renvoyer le lecteur désireux de se renseigner aux nombreuses enquêtes déjà publiées, aux témoignages de neutres impartiaux, même aux articles des journaux allemands que n'a pas contaminés la propagande pangermanique. Ils y verront combien sont mal fondées les accusations portées contre les troupes noires qui ont été, un moment, stationnées en Rhénanie. Nous disons « qui ont été ». Il y a beau temps, en effet, qu'aucun contingent nègre n'est stationné sur la rive gauche du Rhin. M. Endres cherche en vain à créer des équivoques. Les faits sont là. Il n'y a plus, et cela depuis longtemps, en Rhénanie, aucune troupe noire. Sans doute y maintenons-nous des contingents recrutés en Algérie, en Tunisie ou au Maroc. La peau de ces soldats est, souvent, bronzée par le soleil comme l'est celle des peuples du Midi de l'Europe, les Andalous, les Provençaux, les Siciliens, par exemple. Mais pas plus que les Siciliens, les Provençaux ou les Andalous, nos tirailleurs et nos spahis ne sont des nègres. Les spahis sont des Arabes, c'est-à-dire des Sémites. Ils sont donc apparentés à la race dont descendent M. Rathenau, qui a été ministre en Allemagne, Lord Reading qui est, actuellement, Vice-Roi des Indes et dont personne ne s'avisera de soutenir qu'ils soient nègres. Quant à nos tirailleurs, ce sont des Berbères. Tous les anthropologistes, même en Allemagne, sont d'accord que les Berbères appartiennent, sans conteste, à la race blanche. Personne n'a jamais songé, avant M. Endres, à les rattacher à la race chamitique. Ils n'en descendent pas. Nos tirailleurs, en qui les *Süd. Monatshefte* affectent de voir des nègres sauvages, sont les descendants de ces Africains qui ont donné à Rome un Empereur, à l'église chrétienne un saint Augustin dans un temps où les ancêtres de M. Endres étaient des barbares païens menant, dans les forêts de la Germanie, une existence primitive. La civilisation raffinée qui florissait alors en Afrique, et dont les vestiges émerveillent encore le voyageur qui visite les ruines de Carthage, d'Hippone ou de Volubilis, a été détruite par l'invasion des Vandales — des

Germains. Puis est venue la conquête arabe. Les populations du Nord de l'Afrique se sont trouvées arrêtées dans leur développement. La France a la légitime ambition de les associer à sa civilisation et de leur faire reprendre rang, sous ses auspices, dans la famille européenne à laquelle ils n'ont cessé d'appartenir par la race.

M. Endres, dans son article, prétend que « l'emploi de troupes de couleur contre des blancs signifie l'éveil du nègre; la disparition de son respect pour le blanc, le premier clou du cercueil de la race blanche ».

Encore une fois, il n'y a pas de troupes noires en Rhénanie. Quant au « cercueil de la race blanche », on ne saurait nous accuser d'y avoir fourni les premiers matériaux. Si la rencontre de soldats de couleur avec des blancs a, ce que pour notre part nous nous refusons à admettre, la signification que lui attribue, M. Endres, qu'il relise, avant de nous jeter la pierre, le récit de la bataille du Yalou, du combat naval de Tsou-Chima, où les troupes jaunes du Japon ont vaincu les contingents blancs du Tsar.

Colonies. (P. 336-337.) — Après avoir passé en revue les territoires allemands cédés ou occupés, en Europe, par application du Traité de Versailles, M. Endres en vient aux colonies. L'Allemagne, on le sait, s'est vu enlever, en 1919, toutes celles qu'elle possédait. M. Endres considère qu'il y a là une violation des stipulations prévues par le cinquième des quatorze points du Président Wilson et il n'hésite pas à intituler « Les colonies volées » le chapitre qu'il consacre à cette question.

Son argumentation aurait plus de force s'il s'était agi, pour l'Allemagne, de possessions anciennes, liées à la mère-patrie par de longs souvenirs historiques ou habitées par un nombre élevé de ses nationaux. Tel n'était pas le cas. La plus ancienne des colonies de l'Allemagne ne lui avait pas appartenu cinquante ans. Aucune ne comptait une population allemande tant soit peu importante. Par ailleurs, les titres de l'Allemagne, tout au moins au Togo et au Kameroun, seules colonies dont une partie ait été attribuée à la France, les seules par suite dont nous ayons à nous occuper ici, n'étaient pas tels, tant s'en faut, que M. Endres pût, comme il fait, invoquer, à leur occasion, les principes. Tard venue à la politique coloniale, l'Allemagne, quand elle commença de porter son activité dans la région du Niger et du Tchad, y trouva presque toutes les places occupées. Elle n'y lança pas moins ses expéditions. Bien souvent, celles-ci, rencontrant une situation antérieurement créée par les nôtres, n'hésitèrent point à passer outre, sans se soucier des droits acquis. Et trop souvent, si valables, si bien établis que fussent nos titres, nous devions, devant la menace de Berlin, renoncer à les soutenir, ne voulant pas risquer un conflit avec la plus grande puissance militaire du monde. C'est ainsi qu'il nous fallut, au Togo, renoncer aux avantages que nous avait assurés la mission Bayol. C'est ainsi que le premier établissement allemand au Kameroun s'implanta en violation des droits acquis à la France par la mission du Lieutenant Mizon, et que nous dûmes, finalement, abandonner toute action dans ce pays, sans parler des territoires du Congo français que nous fûmes forcés, plus tard, de céder à l'Allemagne pour obtenir qu'elle desserrât quelques-unes des entraves par lesquelles elle paralysait notre politique au Maroc.

Dans cette âpre concurrence, il s'en fallait d'ailleurs que le Gouvernement impérial se souciât des intérêts des indigènes pour lesquels M. Endres manifeste, aujourd'hui, une tardive attention. Il annexait à sa convenance, sans se préoccuper des répercussions de cette politique sur les pays où il établissait son autorité. Par exemple, le grand royaume de l'Adamaoua, qu'un traité, régulièrement conclu avec le Lieutenant Mizon, avait placé sous notre protectorat, fût, à la suite de combinaisons politico-commerciales entre les Allemands et le Royal Niger Cᵒ, partagé, malgré les protestations du Sultan, avec l'Allemagne et l'Angleterre. -

En présence d'une pareille situation, les Plénipotentiaires de Versailles pouvaient se considérer comme ayant la plus grande liberté de décision. M. Endres leur fait grief de n'avoir pas procédé à un plébiscite parmi les indigènes. Un de ses compatriotes, non des moindres, le D' Solf, Secrétaire d'État aux Colonies, a, s'il en était besoin, répondu par avance. Dans un discours du 21 décembre 1917, ayant été amené à envisager l'annexion à l'Allemagne des colonies appartenant aux Alliés (on ne prévoyait pas alors, à Berlin, la défaite), cet homme d'État déclara : « Prendrait-on au sérieux l'application, à l'Afrique, du droit, pour les peuples, de disposer d'eux-mêmes ? Ceci est évidemment impossible ».

M. Endres argue aussi des sympathies dont les indigènes auraient été animés à l'égard de leurs maîtres allemands. Il rappelle, à ce sujet, l'anabase de Lettow-Vorbeck tenant tête, pendant quatre ans et demi, dans l'Afrique orientale, avec 3,000 Européens et 11,000 Askaris, à une armée alliée qui aurait compté 300,000 hommes. Ce dernier chiffre est évidemment fantaisiste. On ne fait pas manœuvrer, subsister, au centre de l'Afrique, des effectifs aussi importants. Quant à la longue résistance de Lettow-Vorbeck, elle tient à ce qu'il s'était retiré dans des régions d'un accès extrêmement difficile. On ne saurait en tirer aucune conclusion sur les sentiments des populations à l'égard de l'Allemagne. Le petit nombre de ses auxiliaires indigènes témoignerait bien plutôt de la difficulté qu'il avait à recruter, sur place, des soldats. Nos officiers rencontrèrent plus d'empressement dans les parties de l'Afrique où flottait le drapeau tricolore. D'ailleurs, des procès retentissants, dont il n'a pas été possible d'étouffer le scandale, ont montré que les fonctionnaires allemands étaient loin d'être aimés de leurs administrés, envers lesquels ils usaient, parfois, des procédés les plus barbares.

Les *Süd. Monatshefte* se plaignent que, dans les colonies enlevées à l'Allemagne, comme aussi dans les anciennes colonies anglaises et françaises, des entraves soient apportées à l'action des missionnaires allemands.

Si ceux-ci s'étaient toujours cantonnés dans leur rôle évangélique, les restrictions édictées à leur égard seraient, évidemment, injustifiées. Il est infiniment probable, d'ailleurs, que les Alliés n'auraient même pas songé à y recourir. Mais nul ne saurait nier que, poussés par un patriotisme excessif et mal compris, ces missionnaires n'aient, trop souvent, mené de front catéchisation des indigènes et propagande germanique. Il n'était pas possible aux Alliés de tolérer pareilles menées, ni dans leurs anciennes possessions, ni dans les colonies allemandes pour lesquelles un mandat leur avait été attribué. Mais, si le germanisme peut y perdre, les plénipotentiaires de Versailles ont veillé à ce que l'œuvre civilisatrice dont la poursuite constituait la raison d'être des missionnaires allemands n'en éprouvât aucun dommage. L'article 438 du Traité a stipulé expressément que « les Puissances alliées et associées conviennent que, lorsque des missions religieuses chrétiennes étaient entretenues par des sociétés ou par des personnes allemandes sur des territoires leur appartenant ou confiés à leur Gouvernement en conformité du présent Traité, les propriétés de ces missions ou sociétés de mission, y compris la propriété des sociétés de commerce dont les produits sont affectés à l'entretien des missions, devront continuer à recevoir une affectation de mission. A l'effet d'assurer la bonne exécution de cet arrangement, les Gouvernements alliés et associés remettront lesdites propriétés à des conseils d'administration, nommés ou approuvés par les Gouvernements et composés de personnes ayant les croyances religieuses de la Mission dont la propriété est en question. Les Gouvernements alliés et associés, en continuant d'exercer un plein contrôle en ce qui concerne les personnes par lesquelles ces missions sont dirigées, sauvegarderont les intérêts de ces missions ».

Il était difficile de mieux concilier le souci de ne pas interrompre, dans ce qu'elle avait de légitime, l'œuvre entreprise par les missionnaires allemands, avec la nécessité de couper court à une propagande dont les résultats ne pouvaient être que fâcheux.

Avant d'en finir avec ce chapitre, relevons une erreur de M. Endres. Il indique que le Togo a été partagé entre l'Angleterre et la France, mais que celle-ci s'est vu attribuer le Kameroun.

En réalité, le mandat sur le Kameroun a été, comme celui de Togo, partagé entre les deux Alliés. Ce n'est qu'un détail, et nous nous serions abstenus de le signaler si les *Süd. Monatshefte* n'avaient consacré tout un article, « Wilson's Geographie » (1), à deux lapsus qui auraient échappé à l'ancien Président des États-Unis. L'erreur commise par M. Endres à propos du Kameroun — nous en constaterons une autre, plus loin, au sujet des fleuves allemands — montre que le rôle de magister ès géographie sied mal aux collaborateurs de cette revue.

Militarisme. (P. 337-338.) — M. Endres fait suivre d'un paragraphe sur le militarisme sa critique des dispositions du traité de Versailles relatives aux colonies allemandes. Le lien entre les deux ordres d'idées peut paraître assez faible. Suivons cependant l'auteur.

Sa thèse est simple. Le militarisme, suivant lui, résiderait dans « la menace à la paix du monde qui résulte de l'entretien de forces armées exagérées ». L'insuffisance de préparatifs militaires mettrait également cette paix en péril, parce qu'elle incite les voisins plus puissants à attaquer.

Partant de là, M. Endres proclame que la France, dont l'armée atteignait des effectifs hors de proportion avec le chiffre de sa population, était militariste. L'Allemagne, au contraire, en maintenant des forces en rapport avec sa situation, avait ouvert à l'Europe centrale une ère de tranquillité de près de cinquante ans. Nous étions donc les fauteurs de désordre. Les Allemands, eux, devaient être considérés comme les plus sûrs garants de la paix.

Notons d'abord ceci. De 1815 à 1914, c'est-à-dire pendant une période durant laquelle l'armée de la Prusse puis celle de l'Allemagne comportait ce que M. Endres considère comme des effectifs normaux, il y a eu, dans l'Europe centrale, cinq grandes guerres. La France, qu'il accuse de militarisme, n'en a provoqué qu'une, celle de 1859, et c'était pour affranchir un peuple. La Prusse, elle, a déchaîné, la guerre de 1864, pour enlever au Danemark des territoires dont une partie au moins n'avaient rien d'allemand; celle de 1866, pour annexer le Hanovre, la Hesse-Cassel, le Nassau, Francfort, et ravir à l'Autriche l'hégémonie en Allemagne. On sait maintenant, par les révélations du Prince de Bismarck, que ce fut la dépêche faussée d'Ems qui déchaîna le conflit en 1870. Et la guerre mondiale de 1914 est aussi l'œuvre de cette nation que les *Süd. Monatshefte* cherchent à faire passer pour pacifique.

Nous aurons, plus loin, à revenir sur ce que M. Endres dit des soi-disant témoignages d'amour de la paix que Guillaume II, appliquant les préceptes de Bismarck, aurait donnés pendant la guerre des Boers et durant le conflit russo-japonais. Ce que nous venons de rapporter suffit à montrer combien sont vains les reproches faits à la France comme les louanges adressées à l'Allemagne. Le militarisme, en effet, quoi qu'en prétendent les *Süd. Monatshefte*, ne résulte pas d'un rapport plus ou moins étroit entre le chiffre de la population d'un pays et les effectifs des armées que ce

____

(1) Page 330.

pays entretient. Il est possible qu'un État peu peuplé, menacé par un voisin qui l'est davantage, soit, pour prévenir des tentatives d'agression, obligé à un effort particulièrement intense. C'est, de sa part, simplement précaution. Ce n'est pas militarisme tant que cet État a pour dessein de se défendre, non d'attaquer, et qu'il ne laisse se constituer chez lui aucune caste, aucun parti militaire assez puissant pour influer sur la politique du Gouvernement. A ce point de vue, qui ne paraît pas être celui des *Süd. Monatshefte,* mais qui n'en semble pas moins le vrai, lequel des deux pays doit être considéré comme militariste, la France démocratique du xx° siècle ou l'Allemagne impériale des junkers?

Examinons cependant, puisque M. Endres nous y invite, cette question des effectifs. Dès les premières lignes qu'il y consacre, on constate le caractère tendancieux de son argumentation. Un exemple : Après avoir évalué à 779,880 hommes, l'effectif total de l'armée allemande en 1913, il indique, pour l'armée anglaise, 715,000 hommes, en spécifiant que ce dernier chiffre ne comprend pas les forces aériennes. Ce détail incite naturellement le lecteur à penser que les statistiques qu'on lui présente sont exactes, que M. Endres n'a pas cherché à dissimuler les forces de l'Allemagne, à grossir indûment celles de ses rivaux, puisqu'il pousse le scrupule jusqu'à retrancher des effectifs britanniques les forces aériennes, quoique celles-ci dépendent, plus ou moins directement, de l'armée. En réalité, ces forces aériennes, que l'auteur affecte ainsi de négliger, comptaient, en 1913, 450 hommes en tout (1). Et, tandis qu'il soustrait ce très mince contingent des effectifs anglais, M. Endres grossit ceux-ci des 315,000 hommes de la territoriale britannique, laquelle correspond, sans la valoir, à la landwehr allemande, qu'il a bien soin de ne pas faire entrer en ligne de compte pour son calcul des effectifs germaniques.

Les chiffres sur lesquels les *Süd. Monatshefte* basent leur comparaison des armées allemande et française appellent d'autres observations. Ici, les équivoques sont faciles. Les effectifs budgétaires français comprennent, en effet, la gendarmerie qui, en Allemagne, dépend du Ministère de l'Intérieur. Il y a là une première cause de confusion dans l'évaluation des forces respectives des deux pays. D'autre part, les effectifs budgétaires allemands ne comprennent pas les officiers (36,000 en 1913) ni les volontaires d'un an (18,000), ni les « hommes incorporés en surnombre » pour parer aux déchets et aux absences (20,000 au minimum sous le régime de la loi de 1912). En France, au contraire, les officiers sont comptés dans les effectifs; nous n'avions pas, en 1914, de volontaires d'un an; et comme le système des « hommes incorporés en surnombre » pour maintenir au complet les unités n'existe pas en France, les déchets et absences, chez nous, viennent en déduction de l'effectif budgétaire, dans une proportion de 7 p. 100 en moyenne. Enfin, tandis que l'Allemagne n'avait, en 1914, qu'un domaine colonial peu important, que suffisaient à garder des forces restreintes ne figurant pas dans les effectifs de l'armée, nous devions, nous, entretenir 88,000 hommes au Maroc et 63,000 dans nos colonies. Ces troupes ne sauraient entrer en ligne de compte pour une comparaison de l'effort militaire en France et en Allemagne. Car, au moment des premiers combats qui devaient décider de l'issue de la guerre, les contingents stationnés aux bords du Tchad ou du Mékong, la plupart même de ceux qui expéditionnaient dans les vallées de l'Atlas, ne pouvaient avoir rejoint les corps chargés de la garde de la frontière.

De multiples corrections s'imposent donc en ce qui concerne les chiffres globaux tant de la France que de l'Allemagne. Nous en avons tenu compte pour la préparation des tableaux ci-joints. Leur examen permet de constater que les lois successives

---

(1) *Almanach de Gotha 1914,* p. 915.

EFFECTIFS BUDGÉTAIRES RÉSULTANT DES LOIS MILITAIRES AVANT 1914.

France.

DATE DES LOIS.	EFFECTIFS BUDGÉTAIRES (1).				EFFECTIFS NETS du pied de paix en France et Afrique du Nord (2).
	GLOBAUX.	au MAROC.	aux COLONIES.	en FRANCE, Algérie et Tunisie.	
27 Juillet 1872...............	361,000	—	—	—	361,000
15 — 1889...............	440,000	—	—	—	440,000
19 — 1892...............	Loi d'organisation, aug. des rés. de mobilis.				—
21 Mars 1905...............	671,000	—	51,000	620,000	575,000
7 Août 1913...............	947,000	88,000	63,000	796,000	740,000 (3)

(1) Les effectifs budgétaires français sont des maxima desquels il faut déduire un abattement de 7 p. 100 en moyenne pour obtenir les effectifs du pied de paix. Ils ne comprennent pas les effectifs de la gendarmerie.

(2) Ce chiffre ne comprend pas les troupes d'occupation du Maroc.

(3) Ces effectifs, qui ne comprennent pas les officiers, ne sont atteints que progressivement après le vote de la loi. En particulier, la loi du 21 mars 1905 n'a eu son plein effet que vers 1910.

Allemagne.

DATE DES LOIS.	EFFECTIFS BUDGÉTAIRES (1).	EFFECTIFS NETS DU PIED DE PAIX.
Situation le 10 mai 1871...............	401,000 hommes de troupe.	Cette colonne n'a pu, faute de renseignements suffisants, être complétée pour les effectifs correspondant aux lois antérieures à celle du 14 juin 1912.
— 2 — 1874...............	Mêmes effectifs (augmentation du nombre des batteries).	
— 6 — 1880...............	427,000 hommes de troupe.	
— 11 mars 1887...............	468,000 —	
— 11 février 1888...............	Mêmes effectifs (augmentation des réserves de mobilisation).	
— 27 janvier 1890...............	Loi d'encadrement.	
— 15 juillet 1890...............	487,000 hommes de troupe.	
— 15 — 1893...............	557,000 — (service 2 ans).	
— 28 juin 1896...............	Mêmes effectifs (loi d'organisation).	
— 26 mars 1899...............	597,000 hommee de troupe.	
— 15 — 1905...............	607,000 —	
— 7 — 1911...............	617,000 —	
— 14 juin 1912...............	646,000 —	684,000 hommes (2).
— 30 — 1913...............	776,000 —	814,000 —

(1) Dans les effectifs budgétaires ci-dessous ne sont pas compris :

1° Les officiers, dont le nombre était de 17,000 en 1871 et de 36,000 en 1913. (Le nombre des officiers correspondant aux dates intermédiaires n'est pas connu);

2° Les engagés volontaires d'un an (3 p. 100 environ du contingent sous les drapeaux = 18,000 en 1913).

Les effectifs budgétaires allemands sont des *minima* pratiquement majorés, dans les effectifs du pied de paix, de 9 p. 100 du chiffre nécessaire chaque année pour atteindre l'effectif budgétaire, soit 20,000 hommes sous le régime de la loi de 1912.

(2) Compte tenu des engagés volontaires et des «incorporés en surnombre».

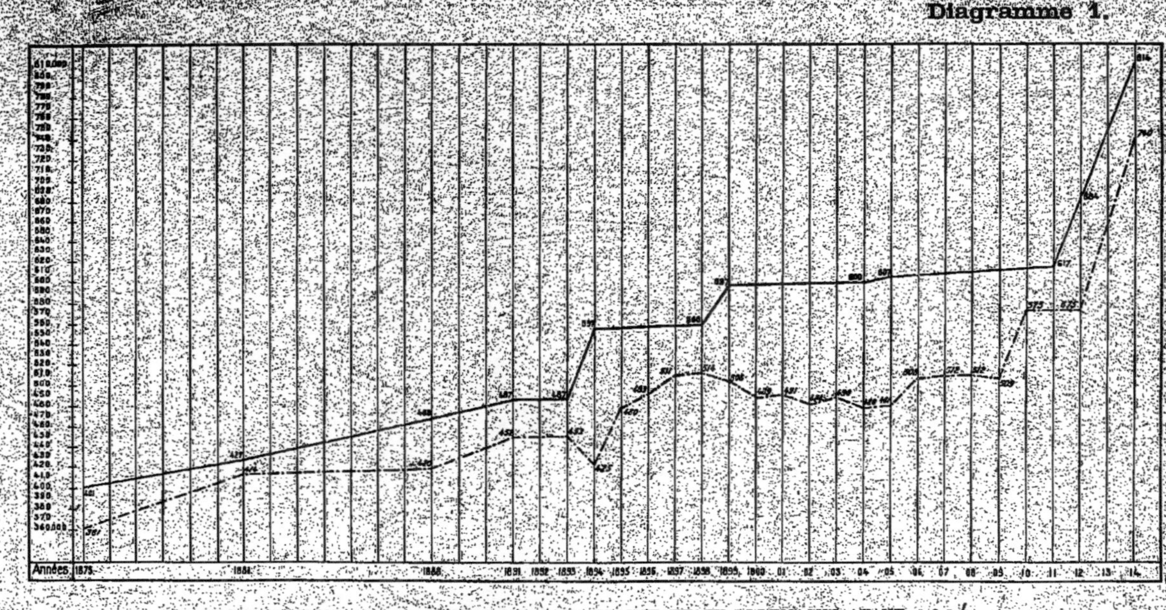

COMPARAISON DES EFFECTIFS NETS EN FRANCE ET EN ALLEMAGNE AVANT 1914.

Allemagne : ————————

France : — - — - — - — -

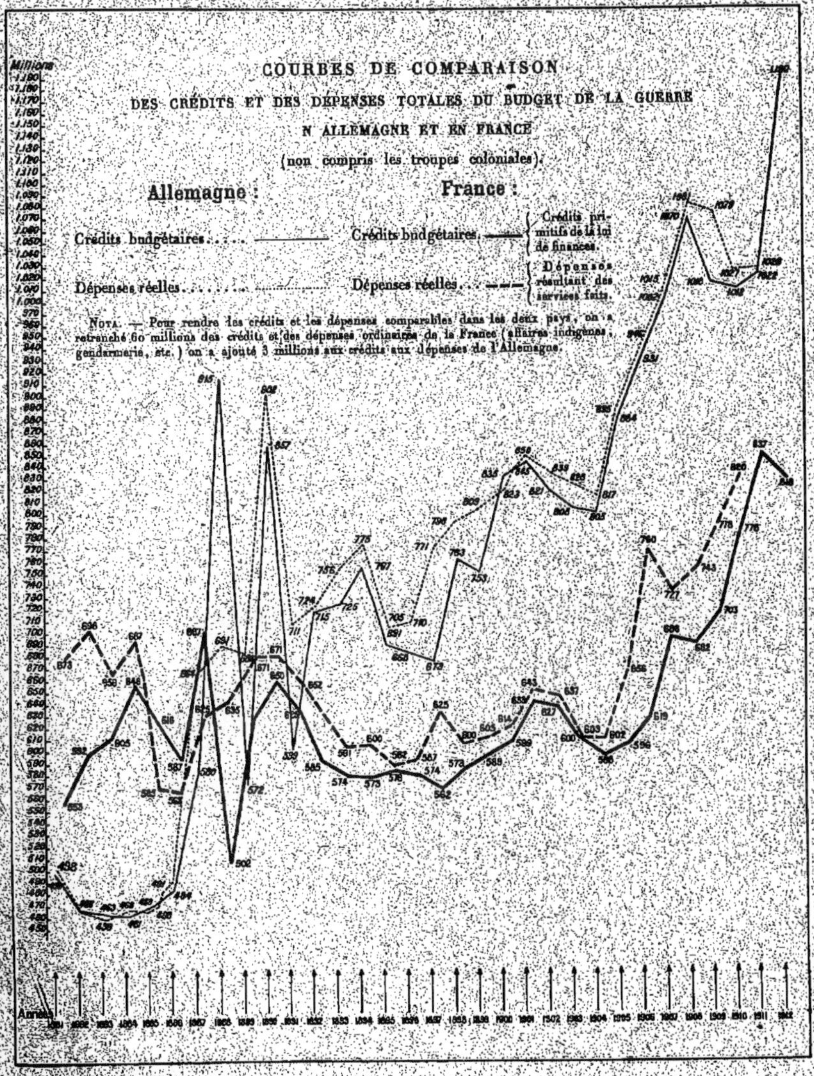
COURBES DE COMPARAISON
DES CRÉDITS ET DES DÉPENSES TOTALES DU BUDGET DE LA GUERRE
EN ALLEMAGNE ET EN FRANCE
(non compris les troupes coloniales)
Allemagne :
France :
Crédits budgétaires
Crédits budgétaires
Crédits primitifs de la loi de finances
Dépenses réelles
Dépenses réelles
Dépenses résultant des services faits
NOTA. — Pour rendre les crédits et les dépenses comparables dans les deux pays, on a retranché 60 millions des crédits et des dépenses ordinaires de la France (affaires indigènes, gendarmerie, etc.) on a ajouté 3 millions aux crédits aux dépenses de l'Allemagne.
Millions
Années

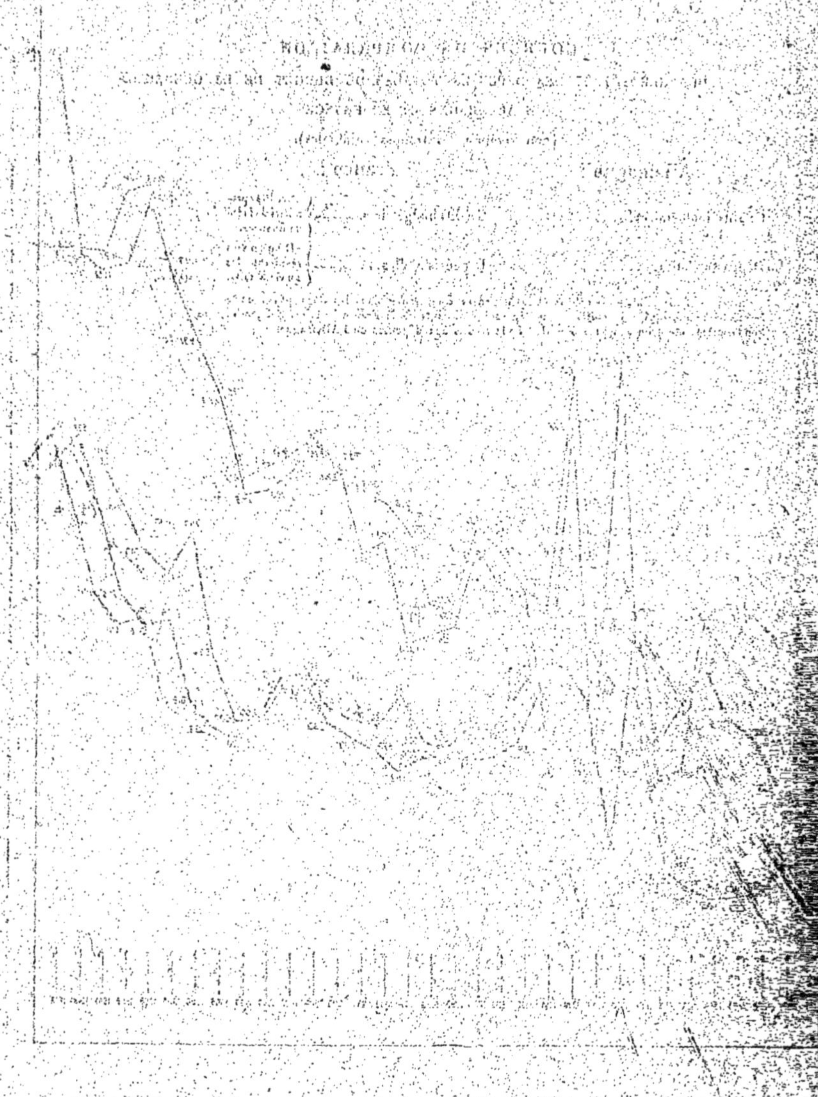

votées en France pour accroître les effectifs ne l'ont jamais été dans un dessein d'agression, mais uniquement en vue de répondre à des augmentations dont l'Allemagne avait pris l'initiative ou pour parer à un péril manifeste. C'est ainsi que notre loi organique de 1872, qui prévoyait une armée de 361,000 hommes, contre 401,000 en Allemagne, n'a été remplacée, en 1889, par une loi portant nos effectifs à 440,000 hommes, qu'après que les lois allemandes de 1880 et de 1887 eurent donné 468,000 hommes à nos voisins. Ensuite, tandis que les lois votées par le Reichstag en 1890, 1893 et 1899 augmentaient continuellement les forces de l'Allemagne, nous nous en sommes tenus à nos effectifs de 1889. C'est seulement quand la loi d'Empire du 15 mars 1905 eut porté à 607,000 hommes (sans les officiers, sans les volontaires d'un an, sans les hommes incorporés en surnombre), les effectifs allemands que la France réagit. Et c'était pour elle une nécessité d'autant plus impérieuse que, à cette époque, la Russie, notre alliée, engagée dans sa guerre contre le Japon, n'aurait plus été à même, en cas de conflit, de nous prêter aucun concours. La loi française du 21 mars 1905 vint rétablir à peu près l'équilibre. La loi allemande du 7 mars 1911 commença à le détruire à notre détriment. Ce n'était pas encore de beaucoup. Mais deux lois successives des 14 juin 1912 et 30 juin 1913 vinrent, en deux bonds, porter les effectifs réels de l'armée allemande à 814,000 hommes. C'était un nouveau symptôme, s'ajoutant aux autres indices qui se multipliaient depuis quelque temps, d'arrière-pensées agressives de la part de l'Allemagne. Force nous était de répliquer. Une loi du 7 août 1913, postérieure par conséquent à la loi allemande, vint alors, mais alors seulement, augmenter notre armée.

Si l'on tient compte des troupes détachées aux colonies et au Maroc, si l'on déduit, chez nous, la gendarmerie, et qu'on ajoute aux chiffres allemands, comme il convient de le faire pour avoir des éléments de comparaison équivalents, les officiers, les volontaires d'un an, les hommes incorporés en surnombre, nous étions encore au-dessous des effectifs de l'Allemagne. Surtout, notre loi de 1913, comme celles de 1905 et de 1889, n'était qu'une riposte nécessaire à des initiatives allemandes. Il n'y a donc là rien qui ait couleur de militarisme. Et à qui serait tenté de trouver exagéré notre effort militaire, il suffira de rappeler que si, en octobre 1914, nous avions eu quelques milliers d'hommes de moins sur la Marne, c'en était fait de la France(1).

Les critiques qu'inspire aux *Süd. Monatshefte* notre état militaire actuel ne sont pas plus fondées. D'après cette revue, la France aurait encore 882,000 hommes sous les armes. Ce chiffre est complètement erroné. En tout, armée métropolitaine, contingents stationnés dans l'Afrique du Nord et aux colonies, troupes d'occupation, gendarmerie, ces effectifs sont, aujourd'hui, de 684,000 hommes, inférieurs, par conséquent, de près de 200,000 aux chiffres qu'avance M. Endres. Voici, d'ailleurs, la répartition de ces forces :

Territoire métropolitain : 351,000 hommes;
Colonies : 205,000 hommes;
Occupation de la Rhénanie : 92,000 hommes;

---

(1) Le caractère véritable de nos dépenses militaires est encore mis en lumière par les deux diagrammes ci-contre. Le premier, qui indique la progression des effectifs nets en France et en Allemagne de 1875 à 1914, montre que ces effectifs *nets* ont constamment été inférieurs, chez nous, à ce qu'ils étaient chez nos voisins. Le second fait voir que les dépenses militaires de l'Allemagne depuis 1881 ont toujours été très supérieures aux nôtres. Elle a donc pu, non seulement entretenir des effectifs plus nombreux, mais encore consacrer des sommes plus importantes aux préparatifs d'ordre matériel, canons, instruments de toutes sortes, stocks de munitions, etc., dont on sait combien le rôle est, dans la guerre moderne, essentiel.

Occupation de Constantinople et des détroits : 10,000 hommes;
Application du Mandat en Syrie : 26,000 hommes.

Le chiffre de 205,000 hommes pour notre armée coloniale ne paraîtra pas élevé si l'on songe que les possessions françaises d'outre-mer comptent soixante millions d'habitants et que leur superficie dépasse celle des États-Unis. Déduction faite de ces contingents et de ceux qui sont employés, en vertu d'obligations internationales, à Constantinople et en Syrie, il ne reste que des effectifs comparativement faibles. La France ne saurait les réduire sans compromettre sa sécurité. Car tout danger n'a pas disparu, pour elle, du côté de l'Allemagne. M. Endres rappelle complaisamment les mesures adoptées, à Versailles, pour empêcher le Reich de préparer de nouvelles agressions. Il omet d'ajouter que le Reich s'applique, de tous ses efforts, à rendre vaines ces mesures. Contrairement aux stipulations formelles du Traité, en dépit des protestations renouvelées des Alliés, la police a été organisée militairement. C'est 150,000 sous-officiers tout prêts, avec les 100,000 hommes de la Reichswher, à servir de cadres aux sociétés patriotiques qui, sous couleur de sports ou sous d'autres prétextes, se préparent, en réalité, pour une guerre de revanche. Des armes, des munitions que le Traité lui avait ordonné de livrer, le Reich conserve le plus qu'il peut, dissimulant de son mieux ce matériel aux commissions de contrôle interalliées dont de multiples incidents ont, tout récemment encore, démontré combien le rôle était, en nombre de cas, illusoire. L'exemple de ce que la Prusse a su faire, après Iéna, pour éluder les mesures par lesquelles Napoléon avait cherché à entraver ses préparatifs militaires est encore dans toutes les mémoires. C'est un précédent dont il y aurait imprudence à négliger les avertissements.

Une comparaison avec les États-Unis et l'Angleterre montrera d'ailleurs, mieux qu'aucun raisonnement, quelles sont les véritables tendances de la France. Dans le tableau suivant, on a rapproché le montant des dépenses militaires des États-Unis, de la Grande-Bretagne et de la France, immédiatement avant la guerre et en 1922, en convertissant, pour cette année, les chiffres sur la base des prix de 1913 :

	DÉPENSES MILITAIRES.		COMPARAISON.
	En 1913.	En 1922 (sur la base du prix de 1913).	
Amérique (dollars)......	316,432,922	590.476,190	+ 86 p. 100
Angleterre (livres).....	86,028,000	120,531,900	+ 19.2 p. 100
France (francs).........	1,807,000,000	1,664,000,000	— 7.9 p. 100

Ainsi, tandis que, de 1913 à 1922, les dépenses militaires augmentaient aux États-Unis de 86 p. 100, en Angleterre de 19.2 p. 100, la France, quoique son territoire eût été accru de l'Alsace-Lorraine, bien que l'exécution du Traité de Versailles l'obligeât (sans parler de la Rhénanie) à entretenir à Constantinople et en Syrie des contingents relativement importants, la France réduisait, et dans une proportion sensible, près de 8 p. 100, son budget de la guerre. Parallèlement, elle diminuait de 25 p. 100 ses effectifs, de 50 p. 100 la durée de service dans son armée. N'est-ce pas la preuve éclatante que la France proportionne strictement à ses besoins ses armements, qu'elle restreint ceux-ci aussitôt que les circonstances le lui permettent et dans toute la mesure compatible avec le légitime souci de sa sécurité?

Fleuves allemands. (P. 338-356.) — La dissertation que notre soi-disant militarisme a inspirée à M. Endres est suivie, dans son article, d'un paragraphe intitulé « Les fleuves allemands prisonniers de maîtres étrangers ». C'est un sujet que les *Süd. Monatshefte* semblent avoir particulièrement à cœur. La revue y revient quelques pages plus loin (p. 356) à propos de « la misère du peuple allemand et le Traité de Versailles ».

Au vrai, on a peine à s'expliquer cette insistance et ces titres sensationnels. M. Endres prétend « que le Traité de Versailles a soustrait les fleuves allemands à la souveraineté allemande », parce que ce Traité a déclaré internationaux l'Elbe, l'Oder, le Niémen, le Danube, et édicté des dispositions spéciales relativement au Rhin. Cette observation repose sur une méconnaissance absolue des principes.

Il est universellement admis aujourd'hui, en droit international, qu'un fleuve ne doit être considéré comme sous la souveraineté exclusive d'un État que si ce fleuve est situé tout entier dans le territoire de ce seul État. Or aucun des cours d'eau que citent les *Süd. Monatshefte* ne se trouve dans ce cas. Le Danube, dont l'internationalisation avait d'ailleurs été amorcée déjà par le Traité de Paris, en 1856, appartient autant à l'Autriche, à la Hongrie, à la Iougo-Slavie, à la Roumanie, à la Bulgarie qu'à l'Allemagne. L'Oder même, contrairement à ce que dit M. Endres, se rendant ainsi coupable d'une deuxième erreur géographique (nous en avons signalé une première quelques pages plus haut), l'Oder ne coule pas « à travers un territoire purement allemand ». Ce fleuve prend sa source en Tchéco-Slovaquie. Il borde ensuite le territoire polonais.

L'Allemagne n'avait donc de droit de souveraineté exclusive sur aucun des cours d'eau qu'énumèrent les *Süd. Monatshefte*. En les internationalisant, les Plénipotentiaires de Versailles n'ont fait qu'appliquer un principe qui a été posé, en 1814, par le Traité de Paris, pour la navigation du Rhin et généralisé, l'année suivante, par l'acte final de Vienne, lequel, sur l'intervention du représentant de la Prusse, Guillaume de Humboldt, proclama la libre navigation de toutes les rivières qui traversent ou séparent plusieurs États. Il n'y a donc pas, en l'espèce, de « fleuves allemands prisonniers de maîtres étrangers », mais des cours d'eau auxquels on a fait, dans l'intérêt général du commerce de toutes les nations, application d'un principe de droit international dont la légitimité n'a pas besoin d'être démontrée et qui avait été proclamé depuis un siècle, à la demande d'un homme d'État prussien.

Il est, au surplus, tout à fait inexact que l'Allemagne, dans les commissions sous l'administration desquelles sont placés les fleuves ainsi internationalisés, ait, comme le prétend M. Endres, une situation insuffisante. Dans celle qui s'occupe de l'Oder, elle compte trois représentants. Aucun des autres États participants n'en a plus d'un. Pour l'Elbe, elle a quatre représentants contre deux à la Tchéco-Slovaquie et un à chacune des autres Puissances intéressées. Pour le Niémen, enfin, la Commission est composée d'un représentant de chacun des États riverains et de trois délégués d'autres pays qui seront désignés par la Société des Nations.

On ne saurait voir, dans ces dispositions, si évidemment inspirées du souci de maintenir la balance égale entre les divers intérêts en présence, rien qui ressemble à une mainmise, à quelque arrière-pensée de confiscation ou de monopole.

Quant aux « menaces » que comporterait, pour le Rhin, le projet de canal latéral dont la France a saisi la Commission internationale, elles sont, à peine est-il besoin de le dire, purement imaginaires, comme les « protestations véhémentes » que M. Endres attribue à de « nombreux » Suisses. Ce projet, si avantageux fût-il en soi, pouvait paraître susceptible de léser certains intérêts particuliers. Ceux-ci présentèrent, non des protestations, mais des observations qui ont fait l'objet d'un échange de vues. Il s'est poursuivi, de part et d'autre, dans l'esprit le plus amical et a abouti aisément à un complet accord.

Menaces à la science allemande. (P. 339.) — M. Endres termine son article en évoquant les dangers auxquels le Traité de Versailles expose, suivant lui, la science allemande. Les Commissions de contrôle interalliées ont, remarque-t-il, un droit d'investigation dans les usines et les laboratoires. Elles peuvent, de la sorte, surprendre les secrets de fabrication de la science allemande. D'autre part, « la misère du peuple allemand sera mise à profit par l'Entente, qui corrompra des employés allemands par l'appât de fortes sommes d'argent et s'en servira comme d'espions commerciaux, entravant ainsi le développement de la science ».

Cette dernière remarque ne paraît pas témoigner, chez M. Endres, d'une bien haute idée de la moralité de ses compatriotes. Nous n'avons pas à prendre leur défense. Mais on nous permettra de demander : en quoi le Traité de Versailles peut-il être rendu responsable si quelque employé d'usine ou quelque garçon de laboratoire est assez indélicat pour trahir des secrets de fabrication ?

Quant aux Commissions interalliées de contrôle, elles s'acquittent de leur tâche avec une exacte correction. Si leur action s'exerce, avec une attention spéciale, sur les fabriques de produits chimiques, ce n'est pas, comme prétend M. Endres, pour en surprendre les secrets, mais afin d'assurer, autant qu'elle peut l'être, la stricte observation des clauses du Traité de Versailles interdisant la préparation de gaz toxiques. D'ailleurs, quand bien même nos Commissions se trouveraient, par là, amenées à découvrir quelque procédé spécial de fabrication, on ne voit pas quel dommage pourrait en résulter pour la « science allemande ». Le *commerce* allemand y perdrait peut-être l'avantage résultant d'un monopole. Mais la *science* n'y perdrait rien, à moins que ses adeptes, en Allemagne, ne travaillent, ce que nous n'aurons garde d'insinuer, qu'en vue de profits matériels. L'observation de M. Endres, en tout cas, ferait sourire nos savants. Tous, depuis Lavoisier qui a fondé la chimie, jusqu'à Chevreul dont les travaux sont à la base de l'industrie allemande des colorants, jusqu'à Berthelot, Pasteur et Branly, tous se sont fait une règle de travailler pour l'humanité, non pour eux. Des profits que leurs découvertes ont permis à la société de réaliser ils n'ont prélevé, pour eux-mêmes, aucune part. Ils publiaient tout de suite les résultats de leurs travaux, de manière que tout le monde pût en bénéficier, et il n'était pas besoin d'invoquer les droits spéciaux impartis aux Commissions interalliées de contrôle, par le Traité de Versailles, pour pénétrer dans les laboratoires où ils ont renouvelé la science.

CHARGES IMPOSÉES À L'ALLEMAGNE

PAR LE TRAITÉ DE VERSAILLES.

Les *Süd. Monatshefte* font suivre l'article de M. Endres d'une étude due à M. Emanuel Müller, rédacteur en chef des *Münchner Neuesten Nachrichten*, et relative aux charges que le Traité de Versailles a imposées à l'Allemagne (Verlorenes deutsches Gut). Ici, aussi, nous suivrons l'auteur, paragraphe par paragraphe.

Livraisons de bétail. (P. 339-341.) — Le premier est intitulé « Livraisons de bétail ». Sans doute est-ce intentionnellement que l'auteur a commencé son exposé par une étude de ces prestations. C'est un des thèmes favoris de la propagande allemande que ces livraisons de bestiaux, dont elle se complaît à souligner l'importance, sans en indiquer, bien entendu, le véritable caractère. Combien d'articles n'a-t-on pas pu lire, dans des journaux neutres abusés par cette manœuvre, sur « les petits enfants allemands mourant par milliers faute de lait, parce que le Reich est obligé de fournir aux Alliés tant et tant de vaches laitières ».

Puisque M. Müller ne le fait pas dans son article, rétablissons les faits. Il est exact que le Traité de Versailles, complété par une décision rendue ultérieurement, en vertu de ses dispositions, a obligé l'Allemagne à livrer des quantités importantes de bestiaux et autres animaux (1). Mais il ne s'agit pas là, à proprement parler, de prestations. Ce ne sont, en réalité, que des restitutions, restitutions d'ailleurs partielles, qui ont été exigées en compensation de ce qui nous avait été pris, pendant la guerre, par les Allemands.

Ceux-ci, durant leur occupation de nos départements du Nord-Est et d'une partie de la Belgique, avaient procédé à de nombreuses et très importantes réquisitions de bétail et de volailles. Dans ces régions, d'autre part, les cours d'eau avaient été, soit fortuitement, soit parfois même intentionnellement peut-être, à peu près complètement dépeuplés par l'action d'explosifs. Les forêts — quelques-unes comptaient parmi nos plus riches, — les vergers avaient été dévastés, soit par les coupes excessives que les Allemands y avaient faites pour les besoins de leurs troupes, soit par l'effet des projectiles au cours des bombardements, soit enfin par les destructions criminelles que l'ennemi avait effectuées en se retirant, sans autres motifs que de nous rendre ruinés les territoires qu'il ne pouvait plus interdire à nos armées. De même, toutes les réserves de semences avaient été anéanties, d'innombrables instruments agricoles enlevés par les Allemands ou détruits par eux.

Personne ne saurait contester l'obligation où l'Allemagne était de réparer ces dommages. C'est à rendre cette obligation effective que tendent les stipulations du Traité de Versailles énumérées dans son article par M. Müller. Il n'y a donc là rien qui ressemble à une contribution, à une imposition, rien qui puisse justifier la plus légère critique. On ne force pas l'Allemagne à s'appauvrir pour enrichir les Alliés. On l'oblige seulement à restituer.

Si légitimes qu'elles pussent paraître, on n'a pas exigé, d'ailleurs, que ces restitutions fussent complètes. Le Traité de Versailles, que M. Müller cherche à incriminer, a été, en réalité, rédigé avec un souci extrême de ménager l'Allemagne. Dans son Annexe IV, § 4, ce Traité stipule que, dès réception des listes des animaux, machines, etc., saisis, usés ou détruits par l'Allemagne, ou en conséquence directe des opérations militaires, la Commission des Réparations « examinera dans quelle mesure les matériaux et animaux mentionnés dans ces listes peuvent être exigés. Pour fixer sa décision, la Commission tiendra compte des nécessités intérieures de l'Allemagne autant que cela sera nécessaire au maintien de sa vie sociale et économique... La Commission donnera aux représentants du Gouvernement allemand la faculté de se faire entendre dans un délai déterminé sur sa capacité de fournir lesdits matériaux, animaux et objets ».

La détermination des quantités à réclamer était donc entourée de toutes les garanties. Et les stipulations arrêtées à cet effet ne sont pas restées lettremorte; ainsi

---

(1) On verra, d'ailleurs, par le tableau, reproduit page 30, des quantités dont la livraison a été imposée à l'Allemagne, que les chiffres publiés à ce sujet par M. Müller sont, en ce qui concerne tout au moins la France, extrêmement exagérés.

qu'en témoigne l'état comparatif suivant des pertes subies par la France, des quantités demandées à l'Allemagne et des livraisons effectuées par celle-ci :

CATÉGORIES.	PERTES SUBIES. (1)	QUANTITÉS À LIVRER par l'Allemagne, compte tenu des accords de Wiesbaden et autres conventions.	QUANTITÉS LIVRÉES au 1er mars 1923.
Chevaux	385,410	119,663	86,603
Bovins	907,690	99,893	92,848
Ovins	1,185,330	196,477	196,544
Caprins	55,530	11,687	11,687
Ruches	—	40,000	38,836
Volailles	—	131,632	131,632
OEufs de saumon	—	3,000,000 kg.	—
OEufs de truite	—	5,000,000	425,389 kg.
Alevins de carpe	—	3,300,000	508,354
Alevins de tanche	—	200,000	256,600

Ce tableau montre, d'abord, dans quelle large mesure il a été fait application des stipulations prévues par le Traité de Versailles pour empêcher que l'obligation, imposée à l'Allemagne, de réparer les dommages causés par ses réquisitions ou destructions, n'entraînât, pour elle, des charges excessives. On peut dire que, dans la fixation de ces charges, il a été, si légitime que fût le principe de la restitution, tenu plus de compte finalement des difficultés du Reich que des intérêts des populations victimes des procédés des troupes allemandes. Et cependant, ces charges ainsi réduites, l'Allemagne ne les a pas même remplies intégralement. Sauf pour les caprins et les ovins (il y a même sur ceux-ci un léger excédent), les livraisons, c'est-à-dire, en réalité, les restitutions ont été très loin d'atteindre, non seulement les quantités effectivement réquisitionnées ou détruites, mais même les chiffres arrêtés dans les conditions que nous venons de rapporter. Pour les chevaux, les pertes étaient estimées à 385,410 unités. Les quantités à fournir avaient été fixées à 119,663. Les quantités effectivement livrées ne s'élevaient, au 1er mars 1923, qu'à 86,603. Pour les bovins, les chiffres correspondants sont 907,690, 99,893, 92,848.

Ces statistiques ne laissent rien subsister de la légende des petits Allemands mourant en masse, faute de lait, parce que le Reich a dû livrer ses bovins à l'Entente. Il serait plus juste de parler des petits Français privés de ce précieux aliment parce que les Allemands n'ont pas restitué les vaches laitières qu'ils avaient enlevées pendant leur occupation de nos départements du Nord-Est. Les quantités de bovins qu'ils ont livrées représentent à peine, en effet, notre tableau l'indique, 10 p. 100 de ce qu'ils nous avaient pris.

---

(1) Les chiffres ci-dessous sont approximatifs. Ils ont été établis par le Ministère de l'Agriculture en partant des statistiques officielles des 31 décembre 1913 et 31 décembre 1918 et ont toujours été tenus comme se rapprochant de très près de la réalité.

Les paragraphes que nous venons d'analyser portent, comme seul titre : « Livraisons de bétail ». Mais M. Müller y a, de fait, passé en revue nombre d'autres prestations, — matières colorantes, produits chimiques, bois, machines agricoles et semences.

Pour ces trois dernières catégories, le principe dont s'est inspiré le Traité de Versailles est le même sur lequel sont fondées les stipulations relatives au bétail. Il s'agit de rendre, autant que faire se peut, l'équivalent des semences, des machines, du bois enlevés ou détruits en France du chef de l'occupation allemande. Les considérations que nous avons développées plus haut s'y appliquent également. La situation est différente pour les matières colorantes et les produits chimiques. Ici, ce n'est pas d'une restitution qu'il s'agit. Mais, ainsi que nous aurons plus loin occasion de le noter, l'Allemagne pouvait difficilement remettre, en numéraire, l'équivalent des réparations dont elle est tenue. Elle a donc été admise à s'acquitter, en nature, d'une partie de ses obligations. C'est par application de ce principe que des options ont été données, à la Commission des Réparations, pour certaines marchandises que l'Allemagne produit dans des conditions particulièrement favorables, telles que les produits chimiques et les matières colorantes. La valeur de ce qu'elle est ainsi appelée à fournir lui est d'ailleurs décomptée au titre des réparations. Et pour éviter que ces livraisons ne constituent une charge excessive, l'Annexe VI, § 2, a fixé le maximum des options à 50 p. 100 du stock existant lors de la mise en vigueur du Traité, puis à 25 p. 100 de la production normale.

Toutes ces dispositions sont donc, non seulement légitimes en droit, mais encore calculées, en fait, de manière à n'apporter aucun trouble à la vie économique de l'Allemagne. M. Müller prétend que, par suite de la hausse des prix, la plupart des malades, en Allemagne, ne peuvent plus actuellement se procurer les remèdes et les calmants que réclame leur état. Si le fait était exact, ce dont nous doutons fort, il serait déplorable. Mais la hausse des prix n'est pas un phénomène spécial à l'Allemagne. S'il a pris, dans ce pays, un caractère de gravité extraordinaire, la faute en est à la gestion financière insensée du Reich qui a multiplié les émissions de papier-monnaie. Ce que nous avons rapporté plus haut des précautions prévues par le Traité de Versailles en vue d'empêcher que les fournitures imposées à l'Allemagne n'entraînent, pour elle des charges excessives, permet, en tout cas, d'affirmer que ces fournitures ne sauraient être rendues responsables du coût exagéré des médicaments.

Il est tout aussi inexact que les difficultés apportées à la réception de certaines prestations soient, comme M. Müller essaye de l'insinuer, imputables aux caprices des Commissions alliées qui devaient en prendre livraison. Mais, dans nombre de cas, les Allemands ont essayé de faire accepter des fournitures n'ayant pas les qualifications requises. Ils n'ont à s'en prendre qu'à eux-mêmes des refus qui leur ont été opposés.

Livraisons de charbon. (P. 341-344.) — Les livraisons de charbon sont, presque à l'égal des livraisons de bétail, exploitées par la propagande allemande qui s'applique à apitoyer les neutres tant sur les enfants mourant, suivant elle, en Allemagne, faute de lait, que sur ceux qui y souffrent du froid, parce que les fournitures de houille aux Alliés ont raréfié le combustible.

M. Müller ne pouvait manquer d'exploiter ce thème. Son chapitre sur les livraisons de bétail à peine fini, il aborde, tout de suite, les fournitures de charbon. Dès les premières lignes, pour frapper les esprits, il spécifie que ces prestations sont égales à la moitié de la production annuelle des États-Unis. Leur exécution, affirme-t-il, ne laisse plus disponibles des quantités de combustible suffisantes pour garantir du « froid le plus atroce » des millions d'Allemands. Et dans un sous-titre à effet, il oppose « la surabondance de charbon en France » et « l'Allemagne obligée d'acheter du charbon en Angleterre ».

Nous verrons, plus loin, ce qu'il faut penser de ces protestations sensationnelles. Mais, avant d'examiner, l'une après l'autre, les énonciations de M. Müller, nous devons présenter une observation d'ordre général.

L'invasion allemande s'est étendue, de 1914 à 1918, sur la plus grande partie de notre bassin houiller du Nord-Est. Tout y a été détruit. Or c'était de là que nous tirions nos principales ressources en combustible. Pour donner une idée du dommage, il nous suffira de rappeler que les houillères dévastées produisaient annuellement 21 millions de tonnes sur les 41 millions extraits de l'ensemble du territoire français et que les cokeries détruites fournissaient les trois quarts de notre production totale.

Les Allemands ont essayé de soutenir que ces désastres ne sauraient leur être imputés. Nos houillères, nos cokeries auraient été ruinées, pendant la guerre de tranchée, autant par les projectiles alliés que par les leurs.

Il serait facile de répondre que, responsables de la guerre, les Allemands le sont aussi de ses conséquences. Qu'importe que l'obus soit français, anglais, belge ou allemand du moment où il éclate au cours d'une bataille livrée pour repousser une agression allemande? L'argument n'est donc pas valable en soi. Le fût-il, on ne saurait, dans la plupart des cas, en faire application.

Les dégâts causés à nos houillères par les bombardements sont, en effet, minimes relativement. Les dommages les plus graves résultent de destructions volontaires, opérées intentionnellement, en toute connaissance de cause, par les Allemands. En octobre-novembre 1915, déjà, craignant le développement de l'offensive franco-anglaise qui venait d'enlever le village de Loos, et ne voulant pas, si notre avance se prononçait, courir le risque de nous voir occuper des gisements encore exploitables, les Allemands avaient fait sauter, au moyen d'explosifs savamment disposés, les cuvelages de la plupart des fosses de Lens et de Liévin. Dans cette circonstance, ils pouvaient encore arguer de considérations militaires, le souci de ne pas abandonner, sans les avoir rendues inutilisables, des mines renfermant d'importantes quantités de charbon susceptibles de nous faciliter les moyens de poursuivre la lutte. Mais, lors de la retraite finale, dans les derniers jours du mois de septembre 1918, la destruction se généralisa dans toutes celles des exploitations qui étaient restées intactes jusqu'alors. A ce moment, les Allemands se savaient vaincus. Ce n'était donc pas pour nous enlever les moyens de poursuivre une lutte dont ils connaissaient qu'elle ne pourrait ni se prolonger ni tourner en leur faveur, qu'ils procédaient à ces dévastations. Ils les poursuivirent néanmoins, en exécution d'un plan minutieusement établi à l'avance. Des équipes de pionniers passaient successivement, méthodiquement, dans toutes les fosses et dans toutes les usines, faisaient détoner aux endroits indiqués des charges d'explosifs qui provoquaient des inondations et des éboulements, n'épargnant aucune machine, aucune chaudière, aucun chevalement. A la suite d'un ultimatum du Gouvernement américain, le maréchal von Hindenburg, par un ordre du 15 octobre 1918, interdit ces destructions. Mais ce n'était là qu'une satisfaction apparente aux protestations du Président Wilson. Le chef des armées allemandes n'avait pas plus été déterminé par ces protestations que par un réveil de conscience devant l'odieux de ces dévastations sans utilité militaire. La décision du 15 octobre fût prise, en réalité, parce que, à cette date, le grand État-Major croyait l'œuvre de destruction complètement terminée. La preuve en est que, une petite mine, celle de Crespin, ayant, on ne sait par suite de quel hasard, été d'abord oubliée, dès que l'omission eut été constatée, un détachement de pionniers allemands arriva, le 28 octobre, dans cette exploitation, et l'anéantit — le

28 octobre 1918, c'est-à-dire à un moment où la capitulation de l'Allemagne n'était plus qu'une question d'heures.

Aucun doute, aucune équivoque n'est donc possible sur le caractère de ces dévastations qui ont rendu stériles, pour longtemps, nos plus riches houillères. Il ne s'agit pas de l'effet fortuit des bombardements, ni de mesures tendant à nous enlever les moyens de prolonger la guerre. Mais les Allemands, voyant que celle-ci allait finir, et que l'issue leur en serait contraire, ont voulu, n'ayant pu triompher de nous par les armes, nous ruiner du moins pour le retour de la paix, entraver notre relèvement futur, handicaper par avance notre concurrence industrielle et, vaincus sur le terrain militaire, se préparer une revanche dans la lutte économique qui allait suivre le choc des armées.

Le Traité de Versailles ne pouvait pas ne pas tenir compte de ces circonstances. Une clause spéciale de l'Annexe V, §§ 2 et 10, stipule que l'Allemagne livrera par priorité à la France, chaque année, une quantité de charbon égale à la différence entre la production annuelle, avant la guerre, des mines du Nord et du Pas-de-Calais détruites du fait de la guerre et la production du bassin couvert par ces mines pendant l'année correspondante.

Cette disposition devait permettre de remédier aux conséquences de l'un des actes les plus répréhensibles commis, pendant la guerre, par les armées allemandes. Mais le Traité avait à tenir compte d'autres nécessités encore. Avant la guerre, l'Allemagne fournissait aux pays voisins d'importantes quantités de charbon. Étant données les tendances qui se faisaient jour depuis quelque temps dans le Reich, il était à prévoir que la paix une fois conclue, l'Allemagne boycotterait ces anciens clients, ce qui devait avoir pour effet de compromettre gravement l'essor de leur industrie. En vue de parer à ce danger, et donner en même temps au Reich une nouvelle occasion d'exécuter, en nature, une partie des prestations dues par lui au titre des réparations, le Traité stipula que l'Allemagne serait tenue de livrer, pendant dix ans, certaines quantités de houille à la France, à la Belgique, à l'Italie et au Luxembourg.

Ces quantités n'étaient d'ailleurs fixées, dans le Traité, qu'à titre d'indication. Fidèles, une fois de plus, à leur préoccupation d'éviter à l'Allemagne des charges excessives, les Plénipotentiaires de Versailles, à l'exemple de ce qu'ils avaient déjà décidé, nous l'avons vu plus haut, pour les fournitures de bétail, insérèrent dans l'Annexe V, § 10, une disposition sur laquelle M. Müller fait le silence, et aux termes de laquelle la Commission des Réparations peut, si elle juge que la satisfaction complète des demandes de charbon ou des produits dérivés de la houille, présentées par les pays intéressés, est de nature à peser d'une façon excessive sur les besoins industriels allemands, les différer ou les annuler.

En présence d'une pareille clause, il est difficile, *a priori*, d'admettre, que l'Allemagne ait été obligée à des fournitures de combustible hors de proportion avec ses facultés. Examinons cependant les énonciations de M. Müller.

Il fait, nous venons de le dire, suivre l'intitulé de son paragraphe d'un sous-titre sensationnel. « Les livraisons de charbon, — 227 millions de tonnes — la moitié de la production totale annuelle des États-Unis ».

Tout d'abord, ces 227 millions de tonnes qui représentent la moitié de ce que les États-Unis produisent, au total, chaque année, ce n'est pas chaque année que l'Allemagne devrait les livrer. Ce n'est pas même en une année. C'est au cours d'un délai de dix ans.

Le chiffre de 227 millions de tonnes dont M. Müller fait ainsi état est, au surplus,

Traité de Versailles.

absolument hypothétique. On peut être certain, dès maintenant, qu'il ne sera jamais atteint. Comme nous l'avons rappelé plus haut, le Traité de Versailles avait, à titre d'indication, fixé, pour les livraisons de charbon à effectuer par l'Allemagne, certaines quantités. Mais ces quantités, sur lesquelles M. Müller échafaude ses calculs, étaient des maxima que la Commission des Réparations, par application de la clause précitée de l'Annexe V, § 10, ne devait pas tarder à réduire dans des proportions dont les tableaux ci-dessous permettent de mesurer l'importance.

Quantités de charbon dues en principe par l'Allemagne d'après le Traité :

	AUX ALLIÉS.	DONT, À LA FRANCE.	DONT TONNAGE de priorité (1).
1920	41,807,000ᵗ	25,307,000ᵗ	18,307,000ᵗ
1921	40,434,000	22,434,000	15,434,288

Quantités effectivement dues par l'Allemagne d'après les programmes arrêtés par la Commission des Réparations en vertu des dispositions de l'Annexe V, § 10 :

	AUX ALLIÉS.	DONT À LA FRANCE (et au Luxembourg).
1920	26,789,350ᵗ	19,437,000ᵗ
1921	26,400,000	16,500,000
1922	22,763,000	15,190,500

Livraisons effectivement faites par l'Allemagne :

	AUX ALLIÉS.	DONT À LA FRANCE (et au Luxembourg).
1920	16,866,271ᵗ	12,918,374ᵗ
1921	18,069,338	10,865,011
1922	18,045,462	12,575,861

Ces statistiques montrent, d'abord, que la Commission des Réparations a fait le plus large usage de la faculté que l'annexe V, § 10 du Traité lui avait accordée de réduire les chiffres primitivement envisagés pour les livraisons de charbon par l'Allemagne. Ils témoignent, ensuite, que ces prestations ainsi diminuées n'ont pas même été exactement fournies par le Reich. C'est ainsi que, en 1920, la Commission des Réparations avait ramené de 41,807,000 tonnes à 26,789,000 tonnes les quantités à livrer et l'Allemagne n'en a fourni que 16,866,000.

Les tableaux qui précèdent permettent une autre constatation. Le tonnage de priorité dû à la France, c'est-à-dire la différence entre la production d'avant-guerre des

---

(1) Le tonnage de priorité est la différence entre la production d'avant-guerre des usines sinistrées et la production annuelle depuis l'entrée en vigueur du Traité.

mines sinistrées et la production annuelle de ces mêmes mines depuis la mise en application du Traité, a été respectivement de 18,307,000 tonnes en 1920 et 15,434,288 t^{es} en 1921. Les livraisons de charbon par l'Allemagne à la France et au Luxembourg (les deux pays forment un tout à ce point de vue) ne se sont élevées qu'à 12,918,374 t^{es} en 1920 et 10,865,011 en 1921 (1). Par conséquent, durant ces années, l'Allemagne n'a pas même compensé, pour la France, la perte résultant des dévastations criminelles effectuées, pendant l'occupation de nos départements du Nord-Est, par les armées du Kaiser.

Ces chiffres permettent, à eux seuls, de voir que si, dans la question du combustible, un pays a des raisons de se plaindre, ce pays n'est pas l'Allemagne. M. Müller, cependant, aligne des statistiques pour tâcher de démontrer que la France dispose de trop de charbon et que l'Allemagne n'en a pas assez. Il calcule que ce dernier pays employait, en 1913, 25 millions de tonnes de houille pour les usages domestiques. S'il doit en livrer 22,7 à l'Entente, ce qui restera sera absolument insuffisant. M. Müller reproduit d'ailleurs une kyrielle de chiffres tendant à établir que la production intérieure, mise à contribution dans des proportions excessives par les livraisons à l'Entente, a cessé, depuis l'été 1922, de couvrir les besoins normaux des chemins de fer, des usines à gaz, des établissements électriques, en sorte que l'Allemagne doit, chaque mois, se procurer en Angleterre pour 8 à 9 millions de marks or de houille. Étant donnée la tension des changes, ces achats ne peuvent être poursuivis; « cela signifie que des millions d'Allemands seront, cet hiver, exposés non seulement à la faim, mais encore au froid ».

On pourrait répondre à qui la faute; car si les Allemands n'avaient pas, pour ruiner la France, détruit systématiquement nos houillères du Nord-Est, ils n'auraient pas à fournir ces millions de tonnes de priorité destinées à compenser les effets de leur vandalisme. Mais il y a d'autres réponses. Tout d'abord, le chiffre de 25 millions de tonnes indiqué par M. Müller comme représentant ce qui est nécessaire aux besoins domestiques de l'Allemagne se rapporte à l'année 1913. Depuis lors, le Reich a perdu d'importants territoires. Ses besoins ont été réduits d'autant. Un examen attentif permet d'ailleurs de constater que, en fait, malgré les livraisons effectuées au titre du Traité de Versailles, l'Allemagne non seulement n'a pas manqué de charbon en 1922, mais que pendant les huit premiers mois de cette année (faute de statistiques plus récentes nous avons dû arrêter là notre étude) les quantités de combustible dont elle a disposé ont été légèrement supérieures à ce qu'elles avaient été en 1913. (La proportion est exactement de 101 p. 100.)

Pour établir ce résultat, nous rechercherons, d'abord, quel était l'approvisionnement d'avant-guerre pour l'Allemagne.

En 1913, ce pays avait, dans ses limites d'alors, produit 191,511,000 tonnes de houille et 84,475,000 tonnes de lignite, soit, en appliquant à celles-ci le coefficient 2/9, 211,011,000 tonnes.

Les exportations nettes avaient été de 30,088,000 tonnes.

L'approvisionnement de l'Allemagne (anciennes limites) avait donc été, en 1913, de 211,011,000 — 30,088,000 = 181,923,000 tonnes.

---

(1) Ces chiffres sont ceux des quantités prises en charge, c'est-à-dire réellement livrées. Les statistiques allemandes donnent des totaux un peu supérieurs parce qu'elles font entrer en ligne de compte plusieurs expéditions qui ont dû être refusées par les Commissions de réception à raison de la mauvaise qualité des envois et non, comme M. Müller l'insinue, à cause des conditions trop strictes prévues pour ces fournitures.

Le charbon consommé par les territoires cédés, ou sortis du Zollverein après la guerre, représentait les chiffres suivants :

Silésie (partie polonaise)...	11,800,000ᵗ
Alsace-Lorraine...	11,131,000
Sarre...	5,800,000
Luxembourg..	3,860,000
Posnanie..	2,598,000
Prusse polonaise et Dantzig...	1,527,000
Slesvig...	600,000
Total..	**37,316,000ᵗ**

La quantité de charbon consommée, en 1913, dans les territoires qui correspondent à l'Allemagne d'aujourd'hui, était évidemment égale au chiffre que nous avons trouvé plus haut pour l'approvisionnement de l'Empire dans ses anciennes limites (181,923,000 tonnes) diminué du total de la consommation dans les pays cédés ou sortis du Zollverein (37,316,000), soit 144,607,000 tonnes.

Or la production du combustible, dans les limites de l'Allemagne actuelle, a atteint, pendant les huit premiers mois de 1922, 109,180,000 tonnes (89,280,000 tonnes de houille et 89,480,000 tonnes de lignite évaluées en charbon suivant le coefficient 2/9).

Les exportations nettes (y compris les livraisons effectuées en vertu du Traité de Versailles) se sont élevées, durant la même période, à 11,678,000 tonnes.

Les quantités restant pour la consommation locale ont donc été de 109,180,000 - 11,678,000 = 97,502,000 tonnes.

Nous avons vu, plus haut, que l'Allemagne, dans ses limites actuelles, avait eu à sa disposition, en 1913, pour toute l'année, 144,607,000 tonnes. Cela correspond, pour huit mois, au chiffre de 96,500,000 tonnes.

Ainsi, l'Allemagne, dans ses limites actuelles, a eu à sa disposition, pour les huit premiers mois de l'année : 96,500,000 tonnes en 1913, 97,502,000 tonnes en 1922, soit une quantité supérieure de 1 p. 100, l'année dernière, aux chiffres d'avant la guerre. Prétendre que l'Allemagne manque de combustible par la faute du Traité de Versailles, c'est donc témoigner d'une méconnaissance totale des réalités.

Mais, dira-t-on, l'Allemagne a dû, en 1922, importer du charbon d'Angleterre. Le fait est exact ; seulement, il n'a rien d'anormal.

Déjà avant la guerre, à une époque où il n'était pas question de réparations, l'Allemagne faisait venir, des houillères britanniques, une partie du combustible qu'elle employait. Était-ce que l'Angleterre produisit des qualités spéciales que l'on ne pouvait se procurer dans le pays, ou bien quelque considération de frais de transport incitait-elle les consommateurs des régions du Nord à s'approvisionner par mer? Dans tous les cas, le fait est là. L'Allemagne, avant la guerre, avant les réparations, achetait en Angleterre des quantités de charbon importantes, sensiblement égales, les statistiques en témoignent, au tonnage qu'elle en a importé en 1921 et en 1922.

Quant aux insinuations de M. Müller touchant la surabondance de charbon qui aurait été constatée en Belgique et en France, il nous suffira de faire remarquer que, au moment de l'armistice, on prévoyait un rapide essor de l'industrie. Les Plénipotentaires de Versailles avaient donc été amenés naturellement, logiquement, à envisager des besoins de charbon importants. L'événement a, pour la plupart des pays, déjoué, on le sait, ces prévisions. Il en est résulté, à un certain moment, une certaine pléthore. Mais la Commission des Réparations a tenu compte, immédiatement, de cette situation. Ainsi qu'on l'a vu plus haut, elle a successivement abaissé, et dans des proportions extrêmement fortes, le chiffre des livraisons de charbon primitivement prévues par l'Allemagne.

Il n'y a donc rien là qui puisse justifier des critiques. Ajoutons que la France n'a jamais songé à tirer, de cette situation, un profit illégitime. Allant au-devant d'imputations que M. Müller ne fait pas, mais auxquelles il semble vouloir inciter ses lecteurs, nous rappellerons que la France s'est engagée, par l'accord de Wiesbaden du 7 octobre 1921, à ne pas réexporter le charbon des réparations. On ne l'a jamais suspectée — on n'a jamais pu la suspecter — d'avoir failli à cet engagement.

Payements en numéraire imposés à l'Allemagne. (P. 345-349.) — M. Müller donne une énumération extrêmement détaillée des payements imposés à l'Allemagne par le Traité de Versailles, et il insiste sur leur élévation. Mais son exposé, si copieux, est cependant incomplet. Il ne présente qu'une des faces de la question. Pour apprécier les réparations auxquelles l'Allemagne a été obligée, pour déterminer si elles sont exagérées ou légitimes, ce n'est pas assez d'en connaître le montant. Il faut aussi savoir à quels dommages ces réparations s'appliquent. Or M. Müller, là-dessus, est muet. Suppléons à son silence.

Pour la France, le seul pays au sujet duquel nous ayons des renseignements, le bilan sommaire des dommages matériels causés directement par la guerre s'établit comme il suit, d'après des informations officielles, certaines :

Près de 800,000 maisons (exactement 741,993) détruites ou gravement endommagées ;

22,900 usines détruites ou gravement endommagées ;

58,697 kilomètres de routes à reconstruire ;

6,123 travaux d'art (ponts, viaducs, etc.) détruits ;

3,306,350 hectares (dont 1,923,479 de terres labourées) bouleversés.

Quant aux tranchées à combler, aux fils de fer barbelés à enlever, aux projectiles à détruire, pour donner une idée de ces travaux, il suffira de dire que, au 1er janvier 1923, on avait déjà, sans que la tâche pût être considérée comme terminée, comblé 280,102,000 mètres cubes de tranchées, enlevé 287,200,000 mètres carrés de fils de fer barbelé et détruit 1,035,000 tonnes d'obus.

Nous ne rappellerons ici que pour mémoire, ayant eu, quelques pages plus haut, occasion d'aborder ces sujets, du cheptel enlevé, des bois dévastés, des instruments agricoles détruits, des houillères saccagées. Nous ne parlerons pas, non plus, de nos 1,500,000 morts ni des blessés, plus nombreux, que leurs infirmités ont mis à la charge de la Nation. Faisons toutefois remarquer que ces dommages, si énormes déjà, ne représentent encore que la moitié environ des réparations à fournir par l'Allemagne. Celle-ci doit compenser, en outre, les pertes éprouvées par les autres alliés, Belgique, Grande-Bretagne, Dominions, Italie, etc., et dont le montant a été fixé, par les accords actuellement en vigueur, à 48 p. 100 de l'ensemble.

Pour faire face à de pareilles obligations, les prestations imposées à l'Allemagne ne pouvaient manquer d'atteindre des chiffres élevés. On sait que le Traité de Versailles n'en a pas arrêté directement, immédiatement, le montant, mais qu'il a confié ce soin à un organisme spécial, la Commission des Réparations, laquelle doit déterminer l'importance des payements en espèces et des fournitures en nature à exiger du Reich en tenant compte tant des facultés de celui-ci que des droits des sinistrés.

Cette Commission, après un premier examen, prenant en considération l'étendue des dommages subis, avait préparé un plan qui fut sanctionné par une décision de la Conférence de Paris, en date du 29 janvier 1921, et aux termes duquel l'ensemble des prestations dues par l'Allemagne était fixé à un chiffre représentant 226 milliards de marks-or. Le Gouvernement de Berlin ayant protesté de l'impossibilité où il était de faire face à une charge aussi élevée, la Commission reprit l'étude de la question. Finalement, tenant compte des précisions qui lui avaient été fournies sur la situation financière de l'Allemagne, elle adopta, le 28 avril 1921, un nouvel état de payement, qui fut avalisé le 5 mai suivant par la Conférence de Londres, et aux termes duquel l'évaluation des prestations à fournir par ce pays était ramenée à 132 milliards.

M. Müller considère que ce chiffre est encore très exagéré. Il correspondrait à une valeur d'annuité de 287 milliards, alors que la fortune publique de l'Allemagne n'est, suivant lui, que de 200 milliards. M. Müller fait valoir, en outre, que 132 milliards permettraient, au taux d'avant-guerre, de construire 132 villes de 50,000 habitants ou de couvrir, pendant 66 ans, les besoins du Reich en blé.

Ces dernières observations constituent une vulgaire équivoque. Elles reposent, M. Müller le note lui-même, sur les prix d'avant-guerre. Or, depuis dix ans, toutes les échelles de prix ont été bouleversées. La comparaison que M. Müller essaie d'établir entre la valeur d'annuité des prestations imposées à l'Allemagne et la fortune de celle-ci n'est pas plus probante. Tout d'abord, l'auteur omet de dire sur quelles données il se base pour évaluer cette fortune à 200 milliards seulement, c'est-à-dire à un chiffre très inférieur à celui qui est généralement admis. Puis, on ne voit pas ce que vient faire en la circonstance l'estimation des prestations de l'Allemagne en valeur d'annuité. Les dommages qu'il s'agit de réparer sont actuels. Ce n'est pas dans 38 ou dans 74 ans qu'il faudra payer pour reconstruire les maisons démolies, réédifier les usines détruites, remettre en état d'exploitation les houillères dévastées. C'est tout de suite. Ce qui intéresse les sinistrés, ce qui importe aux Gouvernements qui doivent leur faire les avances nécessaires, ce n'est donc pas le calcul du total des annuités par lesquelles, ne pouvant amortir immédiatement sa dette de façon intégrale, l'Allemagne a été autorisée à s'acquitter. Ce qui les intéresse, ce qui leur importe, c'est la valeur actuelle de ces annuités, puisqu'ils ont, eux, à faire des payements actuels, immédiats.

Il n'est pas difficile de calculer cette valeur actuelle des prestations imposées à l'Allemagne, c'est-à-dire la seule valeur dont il y ait lieu de tenir compte en l'espèce. A supposer, hypothèse la plus normale, que les obligations A et B, prévues par l'état des payements de Londres, aient toutes été émises la première année, et que les obligations C le soient en une seule fois, immédiatement après l'extinction des obligations A et B, les annuités correspondantes s'échelonnant, par conséquent, de la 38ᵉ à la 74ᵉ année, la valeur actuelle de ces différentes annuités serait exactement de :

52,493,717,000 si on les escomptait au taux de 6 p. o/o;

et de :

44,555,000,000 si on les escomptait au taux de 7 p. o/o.

Le Gouvernement français, actuellement, ne trouve plus à emprunter à 6 p. o/o net. La plupart de ses emprunts 6 p. o/o sont au-dessous du pair. Acceptons cependant ce taux de 6 p. o/o et prenons, par conséquent, la somme de 52 milliards et demi, comme représentant la valeur actuelle des prestations imposées à l'Allemagne par l'état de payements de Londres. Comparée à l'immensité des désastres à la réparation desquels elle doit faire face, cette somme ne saurait évidemment être considérée comme exagérée. Dépasse-t-elle les facultés de l'Allemagne? L'évaluation de celles-ci est malaisée. Mais il est, par contre, facile de faire, en l'espèce, un rapprochement.

Il y a assez exactement cinquante ans, la France, après sa guerre malheureuse contre l'Allemagne, émit un emprunt pour achever de payer l'indemnité de guerre que lui avait imposée le Traité de Francfort. A ce moment, une grande partie de notre territoire était occupée par l'ennemi. Une révolution, dont le programme avait à sa base la suppression de la propriété, venait d'être, plusieurs mois durant, maîtresse de la capitale et elle n'avait été abattue qu'après une lutte longue et sanglante. Cependant, malgré tant de circonstances contraires, quand, à l'expiration du délai fixé pour les souscriptions, le 28 juillet 1872, on fit le relevé de celles-ci, il se trouva que leur total atteignait 43 milliards de francs. Cela fait à peu près 35 milliards de marks-or. Sans doute est-ce moins que la valeur actuelle des prestations imposées à l'Allemagne. Mais la population de la France n'était alors guère plus de la moitié de celle qu'avait l'Allemagne en 1919. Puis, en matière de finance, les chiffres n'ont plus aujourd'hui la même signification, la même valeur qu'ils avaient il y a un demi-siècle. Il est donc permis de penser que si, au lieu de suivre la politique fiscale insensée qu'il a adoptée depuis la paix, le Reich avait imité l'attitude virile de notre Assemblée nationale, il aurait pu payer sa dette après Versailles, comme nous avons su acquitter la nôtre après Francfort.

Rappelons encore un fait : M. Müller, dans son article, fait état d'une proposition de payement présentée par l'Allemagne dans sa note du 24 avril 1921 au Président des États-Unis. Nous verrons plus loin que cette proposition était inacceptable. Elle comportait, cependant, une offre formelle. L'Allemagne s'y déclarait « prête à prendre, pour des buts de réparations, un engagement total de 50 milliards de marks-or à leur valeur actuelle ». Alors, de deux choses l'une : ou les réparations prévues par l'état des payements de Londres, et dont la valeur actuelle est sensiblement égale à celle des offres faites le 21 avril 1921 par le Reich, n'excèdent pas les facultés de celui-ci, ou bien ces offres, dont l'Allemagne se targue comme d'une preuve de sa bonne volonté, ces offres, adressées solennellement au Président Harding, l'Allemagne n'entendait pas remplir les conditions qu'elles comportaient. Elle ne les avait formulées que dans le dessein de donner le change, d'abuser l'opinion.

Ce serait faire injure à la patrie de M. Müller que d'adopter cette deuxième hypothèse. Considérons donc la note allemande du 24 avril 1921 comme témoignant que des prestations représentant, ainsi que c'est le cas pour celles de l'état de payements de

Londres, une valeur actuelle voisine de 5o milliards, ne dépassent pas les facultés de l'Allemagne. D'ailleurs, en admettant qu'elles les dépassent, il y a, pour les faire réduire, une procédure régulière, normale, que le Traité de Versailles lui-même a tracée : le recours à la Commission des Réparations. Celle-ci en effet, aux termes de l'article 234, doit « étudier, de temps à autre, les ressources et les capacités de l'Allemagne et, après avoir donné aux représentants de ce pays l'équitable faculté de se faire entendre, elle aura tous pouvoirs pour étendre la période et modifier les modalités des payements ». Nous avons vu, plus haut, que la Commission a déjà fait état de cette disposition puisque, à la suite de sa décision du 28 avril 1921, les prestations imposées à l'Allemagne ont été réduites de près de moitié. Et la Commission n'est pas qualifiée seulement par les clauses du Traité de Versailles. Elle l'est aussi par sa constitution qui en fait un corps permanent, aussi compétent qu'impartial, et muni, au surplus, de tous les moyens d'information pouvant lui permettre de statuer en connaissance de cause.

Seulement, il est évident que, pour influer sur ses décisions, des arguments sérieux sont nécessaires. Nous craignons qu'on n'en trouve pas beaucoup dans l'article de M. Müller.

Il contient, surtout, des récriminations. M. Müller se plaint que l'organisation financière de l'Allemagne soit tombée dans la dépendance de l'Entente. L'auteur rappelle que la Commission des Réparations a exigé l'affectation du produit de tous les droits de douane, de tous les impôts, directs ou indirects, qu'elle a institué, en même temps, pour assurer le contrôle, un Comité des garanties. Mais ce dernier, s'il a un droit de regard étendu, n'a, en réalité, aucune action sur la gestion des finances allemandes. L'événement a prouvé que le Reich était libre de suivre la politique fiscale la plus mauvaise et que le Comité des garanties ne pouvait rien pour l'en empêcher. Quant à l'affectation des impôts allemands, on sait que la mesure n'a eu jusqu'ici aucune conséquence pratique.

M. Müller prétend aussi que le Reich aurait multiplié les efforts pour s'acquitter de ses obligations et qu'il n'aurait rencontré, chez les Alliés, que mouvais vouloir, intransigeance. Mais son article même permet de constater que les soi-disant propositions d'arrangement de l'Allemagne n'étaient que des manœuvres tendant à obtenir remise de dettes ou ajournements. Une seule pouvait paraître, au premier abord, avoir un autre caractère : celle qui fit, comme nous venons de voir, l'objet de la note du 24 avril 1921 au Président des États-Unis. M. Müller s'attache à la mettre en relief, mais il évite tout détail sur son contenu comme sur les circonstances dans lesquelles elle fut présentée. De fait, en présence de la mauvaise volonté persistante de l'Allemagne, les Alliés lui avaient, le 3 mars 1921, adressé un ultimatum qui fut suivi de l'occupation de Dusseldorf, Duisbourg et Ruhrort. Six semaines plus tard, au moment où la Commission des Réparations allait fixer le montant des réparations à imposer à l'Allemagne, celle-ci se décida enfin à remettre des propositions de payement. Mais, au lieu d'en saisir les Puissances intéressées, elle les adressa au Président des États-Unis dans le dessein évident de provoquer une intervention, à tout le moins de créer une diversion. La proposition elle-même était, d'ailleurs, inacceptable. L'Allemagne s'y déclarait, il est vrai, prête à prendre un engagement total de 5o milliards de marks-or valeur actuelle. Mais cette offre était entourée de tant de réticences que le plus clair risquait de disparaître par des échappatoires.

Nul ne saurait faire grief aux Alliés d'avoir décliné une pareille combinaison. Quant aux autres cas cités par M. Müller, ils démontrent, non le mauvais vouloir ou l'intransigeance de la Commission des Réparations, mais, au contraire, sa condescendance à l'égard des demandes du Reich. Ici, nous n'avons aucune réfutation à entreprendre. L'article même de M. Müller fait voir l'Allemagne demandant remise sur remise, moratoire sur moratoire, obtenant presque chaque fois, partiellement au moins, gain de cause, mais ne remplissant jamais que pendant quelques mois de suite ses obligations ainsi allégées, réussissant cependant, après chaque défaillance, à se faire concéder de nouvelles concessions jusqu'au moment où, la coupe étant pleine, les Puissances le plus directement intéressées se furent décidées à agir.

Nous avons examiné trop en détail les prémisses de M. Müller pour avoir à nous étendre sur sa conclusion. Celle-ci est aussi nette que celles-là sont diffuses. Suivant M. Müller, l'Allemagne, sans crédit à l'étranger, entravée par le cours de son change, ne peut plus fournir ni prestations en nature, ni payements. Elle n'est même plus en mesure de faire venir de l'étranger le blé nécessaire à l'alimentation de la population. Et l'auteur termine en évoquant le bolchevisme dont il précise que la menace est imminente.

C'est la deuxième fois, déjà, que les *Süd. Monatshefte* agitent, à propos des réparations, le drapeau rouge. Il resterait à établir quel Gouvernement, celui de la République française ou celui du Reich, peut être soupçonné actuellement de faire le jeu des Soviets; quel parti a actuellement le plus de chances d'arriver au pouvoir en Allemagne, le communisme ou la réaction. Quant au reste, l'événement vient de donner aux prophéties de M. Müller le démenti le plus direct. Depuis trois mois, le Reich a pu, quoique coupé des sources de richesse de la Ruhr, non seulement importer de l'étranger tout le blé qui lui était nécessaire, mais encore payer comptant d'énormes quantités de charbon anglais.

C'est que l'Allemagne, nous le verrons dans la suite, a plus de ressources à l'étranger que ne l'admet M. Müller. L'exécution du Traité de Versailles ne lui a, d'autre part, occasionné, jusqu'ici, que des charges relativement minimes. Les chiffres avec lesquels M. Müller jongle dans son article peuvent faire, au premier abord, illusion. Le tableau suivant des prestations effectuées par l'Allemagne, et qui a été établi d'après les statistiques de la Commission des Réparations, suffit à remettre les choses au point. Justifiant ce que nous avons dit plus haut sur la mauvaise volonté de l'Allemagne à s'acquitter, il montre que ce pays qui devait, comme M. Müller le rappelle, payer, de la conclusion de la paix au 30 avril 1921, 20 milliards de marks-or, n'avait, à cette date, acquitté que 5,843,074,000 marks, soit guère plus du quart. Là-dessus, il n'y avait qu'un peu moins de 100 millions (exactement 97,806,000) qui représentât des payements en espèces. Au 31 décembre 1922, le progrès n'était pas très grand. L'Allemagne n'avait alors fourni de prestations que pour un total de 8,499,224,000 marks dont 1,912,319,000 correspondant à des versements en espèces (1). Or ce sont ces chiffres-là, les chiffres des livraisons réellement effectuées qui comptent seuls. Le chiffre des prestations imposées à l'Allemagne, mais non exécutées, ne peuvent servir, comme M. Müller s'attache à le faire dans son article, qu'à créer des confusions et à brouiller les idées.

---

(1) N.-B. — *Ces chiffres sont extraits des statistiques provisoires de la Commission des Réparations. Postérieurement à la rédaction de la présente étude, la Commission a publié des évaluations rectifiées. D'après celles-ci, la valeur totale des prestations effectuées par l'Allemagne était, au 31 décembre 1922, non de 8,499,224,000 marks-or, comme le faisaient ressortir les estimations primitives, mais seulement de 7,927,426,000. Les manquements du Reich sont donc plus importants encore que nous ne l'indiquions.*

TABLEAU DES PRESTATIONS EFFECTUÉES PAR L'ALLEMAGNE

ET RÉPARTITION DES AVOIRS ENTRE LES PUISSANCES.

(Milliers de marks-or.)

A. — Jusqu'au 30 avril 1921.

	TOTAL.	ÉTATS-UNIS.	ANGLE-TERRE.	FRANCE.	BEL-GIQUE.	ITALIE	PETITES PUISSANCES.	NON RÉPARTIS.
I. Avoirs liquides.								
Livraisons en nature..	2,324,757	54,247	242.329	931,619	556,418	84,412	41,031	(2) 391,250
Versements en espèces (1)	97,806	»	97,806	»	»	»	»	(3) 23,181
Marks-papier réquisitionnés..........	495,020	143.733	88,973	245,003	17,311	»	»	»
Total........	2,917,583	197,980	429,108	1,176,622	573.729	84,412	41,031	—414,701
II. Avoirs non liquides.								
1° Câbles............	53,000	»	»	»	»	»	»	53,000
2° Biens cédés :								
Mines de la Sarre .	300,000	»	»	300,000	»	»	»	»
École de Changaï .	2,042	»	»	2,042	»	»	»	»
Concession de Chameen............	538	»	538	»	»	»	»	»
Kiao-Tchéou	59,000	»	»	»	»	»	59,000	»
Memel............	232,000	»	»	»	»	»	232,000	»
Dantzig..........	224,051	»	»	»	»	»	224,031	»
Tchéco-Slovaquie..	5,906	»	»	»	»	»	5,906	»
Pologne..........	1,757,266	»	»	»	»	»	1,757,266	»
3° Part de la dette allemande :								
Belgique	631	»	»	»	631	»	»	»
Tchéco-Slovaquie..	239	»	»	»	»	»	239	»
Dantzig.........	3,714	»	»	»	»	»	3,714	»
Pologne..........	16,883	»	»	»	»	»	16,883	»
Total........	2,655,250	»	538	302,042	631	»	2,299,039	53,000

(1) Propriétés allemandes et part de dette payée à la Commission des Réparations par le Danemark : 65 millions. — Vente de matériel de guerre : 17,6. — Vente de charbon au Luxembourg : 9,5. — Vente de colorants aux États-Unis : 1,4. — Recettes accessoires : 4,3.

(2) Différence entre la valeur des navires dont l'Allemagne a été créditée et celle dont les Alliés ont été provisoirement débités.

(3) Différence entre le prix intérieur allemand et le prix f. o. b. pour le charbon livré à l'Italie dans les ports belges et hollandais. — *Crédit provisoire.*

B. — Du 1ᵉʳ mai au 30 avril 1922.

	TOTAL.	ÉTATS-UNIS.	ANGLE-TERRE.	FRANCE.	BEL-GIQUE.	ITALIE.	PETITES PUISSANCES.	NON RÉPARTIS.
Avoirs liquides. Livraisons en nature...	527,012	*u*	115,935	215,654	57,049	73,250	65.124	*u*
Versements en espèces (1)	1,380,543	*u*	539,793	140,000	669,647	31,103	*u*	*u*
Marks - papier réquisitionnés..........	85,429	8,238	12,700	58,860	5,631	*u*	*u*	*u*
	1,992,984	8,238	668,428	414,514	732,327	104,353	65,124	*u*

(1) Versements de l'Allemagne : 1,313,6 millions. — Vente de matériel de guerre : 25,5. — Vente de charbon au Luxembourg : 31,2. — Vente de colorants aux États-Unis : 2,7. — Revente à l'Allemagne : 3. — Recettes accessoires : 4,5.

C. — Du 1ᵉʳ mai au 31 décembre 1922.

	TOTAL.	ÉTATS-UNIS.	ANGLE-TERRE.	FRANCE.	BEL-GIQUE.	ITALIE.	PETITES PUISSANCES.	NON RÉPARTIS.
Avoirs liquides. Livraisons en nature...	477,285	*u*	98,797	145,399	30,083	84,721	108,327	(2) 9,958
Versements en espèces (1)	410,789	*u*	326	3,649	406,044	411	359	*u*
Marks - papier réquisitionnés..........	45,333	1,679	3,521	39,561	572	*u*	*u*	*u*
	933,407	1,679	102,644	188,600	430,699	85,132	108,686	9,958

(1) Versements de l'Allemagne : 389,2. — Vente de matériel de guerre : 1,9. — Vente de charbon au Luxembourg : 16,5. — Vente de colorants aux États-Unis : 0,8. — Recettes accessoires : 2,4.

(2) Différence entre le prix intérieur allemand et le prix f. o. b. pour le charbon livré à l'Italie dans les ports belge et hollandais. — *Crédit provisoire.*

D. — Total des avoirs liquides.

	TOTAL.	ÉTATS-UNIS.	ANGLE-TERRE.	FRANCE.	BEL-GIQUE.	ITALIE.	PETITES PUISSANCES.	NON RÉPARTIS.
Avoirs liquides au 30 avril 1921...............	2,917,583	197,980	429,108	1,176,622	573,729	84,412	41,031	414,701
Avoirs liquides versés du 1ᵉʳ mai 1921 au 30 avril 1922...............	1,992,984	8,238	668,428	414,514	732,327	104,353	65,124	*u*
Avoirs liquides versés du 1ᵉʳ mai 1922 au 31 décembre 1922.......	933,407	1,679	102,644	188,609	436,699	85,132	108,686	9,958
	5,843,974	207,897	1,200,180	1,779,745	1,742,755	273,897	214,841	424,659

E. — Total général.

	TOTAL.	ÉTATS-UNIS.	ANGLE-TERRE.	FRANCE.	BEL-GIQUE.	ITALIE.	PETITES PUISSANCES.	NON RÉPARTIS.
Avoirs liquides au 31 décembre 1922	5,843,974	207,897	1,200,180	1,779,745	1,742,755	273,897	214,841	424,659
Avoirs non liquides	2,655,250	"	538	302,042	631	"	2,299,039	53,000
	8,492,224	207,897	1,200,718	2,081,787	1,745,386	273,897	2,213,889	477,659
DONT VERSEMENTS EN ESPÈCES....,	1,912,319	"	637,925	143,649	1,075,691	31,514	359	23,181

Payements par compensation. (P. 347-348.) — M. Müller consacre près d'une page et demie aux payements effectués par application de l'article 296 du Traité de Versailles.

Il est permis de s'étonner de l'importance ainsi attachée par lui à une question tellement simple, comme, aussi, du titre tout à fait incorrect : « Combien de versements supplémentaires en marks l'Allemagne doit-elle effectuer » qu'il donne à ce chapitre.

En réalité, les payements par compensation, prévus à l'article 296, n'imposent au Reich aucune charge réelle, aucune charge nouvelle. On connaît la combinaison. Les dettes dues par les ressortissants d'une des Puissances contractantes aux ressortissants d'une Puissance adverse, au lieu d'être réglées directement entre les intéressés, le sont par des offices de vérification et de compensation qui font bloc des différents comptes, payent qui de droit et, en cas de reliquat, se font couvrir de la différence par l'office du pays dont le solde est débiteur. Cette procédure a l'avantage de garantir les droits des particuliers, lesquels, sans cela, eussent pu rencontrer des difficultés à obtenir satisfaction de la part de débiteurs qui étaient, la veille encore, des ennemis. Mais ce n'est qu'une procédure, un mode particulier de payement, qui n'accroît pas d'un pfennig le montant des sommes dues. Les sommes que l'un des pays est appelé à verser auraient toujours dû être versées. La seule différence est qu'elles le sont par l'État, agissant comme représentant des particuliers, au lieu d'être acquittées directement par ceux-ci.

Cette explication montre combien sont mal fondées les observations présentées par M. Müller à propos des payements par compensation. Quant à l'incident qu'il rapporte, il faut plus que de l'ingéniosité pour en faire grief à la France.

L'Allemagne ayant, sous prétexte d'impécuniosité, refusé, en juillet 1922, de faire les versements correspondant aux soldes dont elle était débitrice, la France, usant des droits que lui avait impartis le Traité de Versailles, et conformément, d'ailleurs, au précédent qui avait été établi en octobre 1920 déjà par un de ses alliés, prit, de sa propre autorité, des mesures de coercition. Le procédé ne semble pas avoir été inopportun puisque l'Allemagne fut amenée à signer, au bout de trois mois, une convention par laquelle, en échange d'un court moratorium, elle s'obligeait à émettre, pour faire face aux soldes de compensation non encore couverts, des bons du Trésor garantis par la Reichsbank et dont le montant était sensiblement égal aux chiffres des versements restant dus.

Montant des prestations déjà effectuées par l'Allemagne. (P. 349-350.) — Dans les paragraphes que nous venons d'étudier, M. Müller s'était attaché à démontrer que les prestations prévues par l'état des payements de Londres dépassaient, de beaucoup, les facultés de l'Allemagne. Il prétend, dans le chapitre qui suit immédiatement, que « l'Allemagne » — c'est le titre même de ce chapitre — « a déjà effectué des prestations pour un chiffre supérieur à celui qui était exigé par l'état des payements de Londres ».

Nous ne nous chargeons pas de résoudre l'antilogie. Par contre, nous allons essayer de déterminer ce que valent les données sur lesquelles M. Müller se fonde pour aventurer cette assertion, si invraisemblable *a priori*, que les prestations du Reich dépassent, dès maintenant, 132 milliards de marks-or.

L'auteur produit, d'abord, un tableau des prestations directes effectuées par l'Allemagne « jusqu'au milieu de l'année 1922 » et dont le total atteint, suivant lui, 38,242,970,000 de marks-or. D'après ce qu'il indique, ce document aurait été extrait du numéro du 23 août de la *Deutsche Allgemeine Zeitung*, laquelle l'aurait établi « sur la base de documents officiels ».

M. Müller ne donne pas d'autres précisions. Il ne fait pas, notamment, connaître comment ces documents « officiels » peuvent avoir conduit à attribuer aux prestations allemandes une valeur plus que quadruple de celle qui résulte de la statistique de la Commission des Réparations, laquelle, nous venons de le voir, n'estime qu'à 8,499,224,000 de marks-or le total de ces prestations au 31 décembre 1922.

Pour essayer d'éclaircir la question, nous reproduirons, de notre côté, le tableau ci-joint, dressé d'après les chiffres de la Commission (1). Bien que leur cadre diffère, la comparaison de ces deux documents nous permettra, dans plusieurs cas, de faire la lumière sur certains procédés d'argumentation de M. Müller.

La première des rubriques de son tableau se rapporte aux *biens d'Empire et d'État dans les territoires cédés*. Ces biens y figurent pour 5,400,000,000 de marks-or. Dans notre tableau, ils sont portés pour 2,280,000,000 seulement.

Cette dernière estimation est celle de la Commission des Réparations. Elle n'a rien de secret et on peut considérer comme certain que M. Müller l'a connue. Pourquoi, dès lors, se borne-t-il à y opposer une évaluation presque double sans donner la raison de cet écart? Le fait, à lui seul, autoriserait à penser que le chiffre de M. Müller est sujet à caution. Quelques allusions contenues dans son article sembleraient indiquer que, pour l'établir, on a fait entrer en ligne de compte les biens d'Empire et d'État situés en Alsace-Lorraine. Dans ce cas, le mode de calcul serait contraire, à la fois au Traité de Versailles, aux précédents et à la plus élémentaire justice. La valeur des biens d'État situés dans les territoires cédés en 1871 n'a pas été, en effet, décomptée à la France lors du Traité de Francfort. On ne pouvait, dès lors, sans aller à l'encontre de tous les principes, décompter en 1919 cette valeur à l'Allemagne. Aussi l'article 56 du Traité de Versailles a-t-il stipulé que, dans les territoires désannexés, « la France entrera en possessison de tous les biens et propriétés de l'Empire ou des États allemands sans avoir à payer ni à créditer de ce chef aucun des États cédants ».

La deuxième rubrique du tableau reproduit par M. Müller est relative aux *livraisons de navires*. Ici l'écart est plus grand encore entre les évaluations du *Süd. Monatshefte* et celles de la Commission des Réparations. Tandis que les statistiques de celle-ci

---

(1) N.-B. — *Ainsi que l'indique la note page 41, ces chiffres, comme ceux qui suivent, ont été empruntés aux statistiques provisoires de la Commission des Réparations. Postérieurement à la rédaction de la présente étude, la Commission a publié des évaluations rectifiées où les prestations de l'Allemagne sont estimées à des chiffres très sensiblement inférieurs (7,927,426,000 de marks-or en tout, à la date du 31 décembre 1922, au lieu de 8,499,224,000).*

VERSEMENTS EFFECTUÉS PAR L'ALLEMAGNE
AU TITRE DES RÉPARATIONS
JUSQU'AU 31 DÉCEMBRE 1922.

(Milliers de marks-or.)

	JUSQU'AU 30 AVRIL 1921	DU 1er MAI 1921 AU 30 AVRIL 1922	DU 1er MAI 1922 AU 31 DÉC. 1922	TOTAL (milliers marks-or)	
A. — Avoirs liquides.					
a. Livraisons en nature. Produits du Reparation Recovery Act.	83	72.181	90.896	163.160	
Annexe 2, § 19 : Livraisons diverses.	»	44.193	113.805	157.998	
Navires	660.686	43.890	2.884	707.460	
Batellerie fluv. et Docks de Rotterdam	902	21.072	6.618	28.592	
Bétail	91.395	47.319	20.163	158.877	
Annexe IV, SS 2 a et 2 b	9.580	21.102	34.793	65.475	
Charbons	449.998	252.221	190.116	892.355	
Dérivés du charbon	8.014	11.690	9.829	29.533	
Matières colorantes et produits pharmaceutiques	35.528	16.850	14.947	67.325	
Art. 247 : Bibliothèque de Louvain.	322	816	621	1.759	2.272.514
b. Livraisons d'armistice. Matériel de chemin de fer	827.877	1.154	234	829.265	
Matériel agricole	17.864	2.524	242	20.630	
Camions	17.508	»	»	17.508	
Matériel de guerre abandonné	205.000	»	»	205.000	1.072.403
Accord Bemelmans	»	»	5.017	5.017	
Accord Gillet	»	»	2.370	2.370	7.387
	2.324.750	535.012	492.535	3.352.304	3.352.304
A déduire : Premier quart du forfait belge de substitution de 93 millions	»	8.000	15.350	23.250	23.250
TOTAL NET	2.324.757	527.012	477.285	3.329.054	3.329.054
c. Versements en espèces. Versements de divers (Slesvig, Luxembourg, B. L. M. G., etc.)	97.806	»	»	97.806	»
Versements de l'Allemagne et réalisations faites pour son compte	»	1.375.921	408.936	1.784.857	1.882.663
d. Marks-papier réquisitionnés	495.020	85.429	45.333	625.782	625.782
	2.917.583	1.988.362	931.554	5.837.499	5.837.499
B. — Avoirs non liquides.					
a. Câbles	»	»	»	53.000	53.000
b. Biens cédés. Mines de la Sarre	»	»	»	300.000	
École de Changaï	»	»	»	2.042	
Concession de Chomeen	»	»	»	538	
Kiao-Tchéou	»	»	»	59.000	
Memel	»	»	»	232.000	
Dantzig	»	»	»	224.031	
Tchéco-Slovaquie	»	»	»	5.906	
Pologne	»	»	»	1.757.266	2.580.783 (2)
				2.633.783	2.633.783
c. Part de la dette allemande. Belgique	»	»	»	631	
Tchéco-Slovaquie	»	»	»	239	
Dantzig	»	»	»	3.714	
Pologne	»	»	»	16.883	
				21.467	21.467
					2.655.250
ENSEMBLE					8.499.224

(1) Dans ce chiffre sont comprises les sommes dues à la Commission des Réparations par le Luxembourg et le Textile Alliance. (4.147.)
(2) Y compris matériel roulant (Art. 371) provisoirement estimé à 49.563 francs.

evaluent ces prestations à 707,460,000 marks-or, M. Müller les porte pour une somme sextuple, 4,400,000,000 marks-or.

L'auteur ne donnant aucune explication, la discussion n'est pas possible. Mais il se trouve que, en estimant ainsi à 4,400,000,000 marks-or la valeur des navires livrés par l'Allemagne, M. Müller n'est pas seulement en contradiction avec la Commission des Réparations. Il l'est avec lui-même. Deux pages plus loin, en effet, dans le premier paragraphe du chapitre intitulé « Combien de tonnage l'Allemagne a-t-elle dû livrer », M. Müller écrit ceci : « La valeur réelle des navires allemands anéantis pendant la guerre et de ceux qui ont été livrés conformément au traité de paix représente de 1,5 à 1,6 milliard de marks-or ». Si les bateaux allemands détruits *et* les bateaux livrés valaient *ensemble* de 1,500,000,000 à 1,600,000,000 marks-or, comment M. Müller peut-il prétendre que les bateaux livrés représentent, à eux *seuls*, une valeur de 4,400,000,000 marks-or?

La rubrique suivante, pour laquelle une somme de 1,800,000,000 marks-or figure au crédit de l'Allemagne, est intitulée *Rücklassgüter*. Ce mot désigne-t-il le matériel abandonné dans leur retraite par les armées allemandes? Il y aurait lieu, dans ce cas, de rappeler que, aux termes de l'article 250 du Traité de Versailles, peut seul entrer ici en ligne de compte le matériel livré en exécution de l'armistice et dont la Commission des Réparations estimerait que, à raison de son caractère non militaire, la valeur doit être portée au crédit de l'Allemagne. On ne pouvait, évidemment, décompter à celle-ci la valeur des canons, des fusils, des munitions que les armées vaincues étaient obligées d'abandonner dans leur retraite. C'était là un véritable butin de guerre, non susceptible, au surplus, d'être utilisé pour d'autres buts que la guerre. Quant au matériel n'ayant pas de caractère militaire et dont l'article 250 du Traité de Versailles prévoit le décompte, les statistiques de la Commission des Réparations l'évaluent à 205,000,000 marks-or, — à peu près la neuvième partie de l'estimation donnée par les *Süd. Monatshefte.*

Pour la valeur du *matériel de chemin de fer cédé*, M. Müller indique le chiffre de 1,501,000,000 marks-or. L'évaluation correspondante de la Commission des Réparations est de 829,265,000 marks-or seulement. Ici nous ne pouvons que relever le désaccord sans être à même d'en proposer aucune explication. Par contre, en ce qui concerne la rubrique qui vient ensuite, *Mines de la Sarre*, on peut affirmer nettement que les indications reproduites par M. Müller ne reposent sur aucune donnée sérieuse. Il porte au crédit de l'Allemagne 1 milliard de marks-or, pour ces gisements. En réalité, leur valeur n'a pas encore été déterminée. Elle doit l'être par la Commission des Réparations. Celle-ci n'a pas terminé ses travaux. D'après les études préparatoires, il semble que le chiffre auquel on s'arrêtera doive être compris entre 300 et 400 millions de marks-or, bien au-dessous, par suite, du milliard dont fait état M. Müller.

La plupart des autres rubriques contenues dans son tableau sont combinées de façon qu'il n'est pas possible de les comparer à celles qui figurent dans les statistiques de la Commission des Réparations. Il en est quatre cependant, sur lesquelles nous devons nous arrêter.

M. Müller porte plus de 1 milliard marks-or au compte de l'Allemagne pour *dommages à l'étranger* et *dommages aux colonies*. S'il s'agit, comme le contexte semble l'indiquer, de pertes éprouvées, soit aux colonies, soit à l'étranger, par des sujets *allemands*, rien, ni le bon sens ni, bien entendu, le Traité de Versailles, n'autorise à faire état de ces dommages dans le calcul des prestations effectuées par l'Allemagne. Le fait, par elle, d'indemniser ses propres nationaux n'a rien à voir avec la réparation des pertes qu'elle a causées aux ressortissants alliés.

Il est tout aussi arbitraire d'inscrire comme fait M. Müller, au crédit de l'Allemagne, les sommes correspondant à l'abandon, par celle-ci, de *ses créances sur ses alliés*. Sans doute est-il exact que le Traité de Versailles a obligé le Reich à renoncer à ces créances. Mais les stipulations adoptées à ce sujet ne faisaient — en supprimant une occasion d'intrigues vaines et de chicanes — que consacrer une situation de fait. En 1919, l'Allemagne ne pouvait songer à recouvrer 7 milliards de marks-or sur l'Autriche, sur la Turquie, sur la Bulgarie qui, depuis de longs mois, ne vivaient que de ses subsides. Les créances dont il s'agissait ne résultaient pas, au surplus, d'opérations normales, régulières. C'étaient des prêts que le Reich avait consentis à ses alliés pour leur permettre de se procurer le matériel ou les approvisionnements nécessaires à la continuation d'une guerre dont il était responsable et comptait devenir le principal bénéficiaire. L'opération avait mal tourné. L'Allemagne n'avait qu'à en supporter les conséquences.

D'ailleurs, si les 7 milliards ainsi avancés se trouvent perdus pour le Trésor allemand, ils ne l'ont pas été pour l'Allemagne elle-même. Ces subsides, en effet, avaient été employés, presque intégralement, à payer du matériel de guerre, des approvisionnements que l'Autriche, la Turquie, la Bulgarie avaient achetés en Allemagne. On ne les avait portés à leur compte que par un mouvement d'écritures. En fait, ces 7 milliards étaient, à peu de chose près, restés en Allemagne, passant, simplement, des caisses de l'Empire à celles des usines ou des fabriques qui avaient ravitaillé, pendant la guerre, les alliés du Reich. M. Müller n'était donc fondé, ni en droit ni en équité, à faire état de ces sommes pour l'évaluation des prestations effectuées par le Reich.

Quant aux *propriétés allemandes liquidées à l'étranger*, pour lesquelles M. Müller inscrit au compte de l'Allemagne une somme de 11,700,000,000, est-il besoin de rappeler que, d'après les termes mêmes du traité de Versailles (art. 297, Section IV, Annexe § 4), le produit de ces liquidations doit servir, en premier lieu, à acquitter, notamment les créances régulières, commerciales, civiles ou autres, que les ressortissants de la Puissance où les biens étaient situés avaient sur des ressortissants allemands. Dans cette mesure, la liquidation des biens allemands à l'étranger représente, de toute évidence, non une prestation au titre des réparations, mais simplement le payement d'une dette allemande, que le débiteur allemand — la guerre n'eût-elle pas eu lieu, le Traité de Versailles ne fût-il pas intervenu — aurait dû, en tous cas, acquitter. Il n'y a donc pas, en l'espèce, une charge imposée au Reich, un profit pour les ayants droit aux réparations. Ceux-ci ne bénéficieraient de la liquidation des biens allemands à l'étranger que dans le cas où cette opération ferait ressortir un excédent. Ce reliquat — s'il y en a — doit, aux termes des articles 243 et 297, être porté au crédit de l'Allemagne au titre de ses obligations de réparer. Si donc, quand les liquidations seront terminées, il reste un excédent, rien ne sera plus légitime que d'en faire état pour l'évaluation des prestations de l'Allemagne. Mais inscrire dès maintenant, comme fait M. Müller, au compte de celle-ci, l'estimation, probablement très exagérée au surplus, de la valeur totale des biens allemands à l'étranger, c'est recourir à un procédé de calcul dont l'emploi est évidemment contraire au bon sens, nous allions écrire à la bonne foi.

Ce que nous venons d'exposer suffit à montrer quelles réserves, pour ne pas dire davantage, appellent les évaluations proposées par M. Müller pour les prestations directes de l'Allemagne. Avec ce qu'il appelle les « prestations indirectes » nous entrons dans le domaine de la fantaisie. Ici, nulle discussion, nulle réfutation ne semble nécessaire. Il n'est besoin, pour faire ressortir l'inanité de sa thèse, que de reproduire la liste, donnée par M. Müller, de ces prestations indirectes qu'il inscrit au compte des réparations de l'Allemagne et dont il évalue le montant global à 100 milliards de marks-or.

1° *Perte durable de la production agricole et industrielle des colonies allemandes, de l'Alsace-Lorraine, de la Sarre, du Slesvig, de la partie polonaise de la Haute-Silésie, de la Prusse orientale, de Posen, de Dantzig et du territoire de Memel.* — La simple lecture permet de voir qu'il n'y a rien là qui puisse être considéré comme constituant quelque prestation de l'Allemagne au titre des réparations. Nous ne nous serions donc pas arrêtés à cette rubrique si sa rédaction même n'appelait une observation. Elle porte « Dauernder Verlust ». Dauernd, cela signifie durable, cela ne veut pas dire définitif. Il semble bien que, en ajoutant cette épithète à sa phrase sur la perte des colonies allemandes, de l'Alsace-Lorraine, de Posen, du Slesvig, etc., M. Müller ait voulu souligner qu'il ne considérait pas cette perte comme définitive. Si telle est, en effet, son intention, le fait valait d'être signalé.

2° *Perte durable de ces territoires comme débouchés, libres de droits de douane, pour les marchandises allemandes.* — Les mêmes observations que nous a suggérées la rubrique précédente s'appliquent également ici. Le déplacement des frontières douanières de l'Allemagne est sans intérêt pour nos populations du Nord-Est qui attendent qu'on reconstruise leurs maisons, qu'on relève leurs usines, qu'on restaure leurs houillères.

3° *Perte durable du patrimoine allemand par suite de la destruction forcée du matériel de guerre allemand, de la flotte de guerre, etc.* — Cette destruction peut gêner l'Allemagne dans la préparation d'une nouvelle agression. On ne voit pas en quoi la réparation des dommages causés par l'agression précédente en pourrait être financée.

4° *Pertes durables résultant de l'achat, par des étrangers, de valeurs allemandes (principalement d'actions), d'immeubles et de meubles.*

5° *Pertes durables résultant de l'exploitation systématique de l'Allemagne par les étrangers qui, presque sans bourse délier, achètent et consomment dans ce pays des marchandises.*

Ces deux rubriques se rapportent à un même ensemble de faits où la question des réparations n'a, d'ailleurs, rien à voir. Quoi qu'essaye d'insinuer M. Müller, il importe assez peu aux sinistrés que les étrangers puissent acheter, à tel ou tel prix, des marchandises en Allemagne. Celle-ci, d'ailleurs, ne s'appauvrit pas en vendant ses produits puisqu'elle en reçoit la valeur. Quant aux actions que les étrangers acquièrent, sans doute le payement des coupons occasionnera-t-il, dans la suite, des sorties de capitaux. Mais la vente des titres eux-mêmes aura d'abord amené, en Allemagne, un afflux de capital singulièrement avantageux pour ce pays dans les circonstances actuelles. Il y a donc là, en définitive, bénéfice plutôt que préjudice pour l'Allemagne. Il n'y a rien là, en tout cas, qui autorise à envisager, ainsi que fait M. Müller, ces opérations comme des prestations de l'Allemagne au titre des réparations.

6° *Pertes durables résultant de la diminution des forces de production et de consommation de l'Allemagne par suite de la lourdeur d'impôts dont le produit est, pour une large part, employé aux buts, complètement improductifs, des prestations en espèces et en nature pour les réparations.* — La lourdeur des impôts est certainement une circonstance fâcheuse pour le développement économique d'un pays. Mais porter au crédit de l'Allemagne successivement ses prestations au titre des réparations et l'effet des taxes établies pour faire face à ces prestations, c'est compter deux fois. Rappelons, au surplus, que la France a, en la circonstance, plus à se plaindre que l'Allemagne. Les prestations que celle-ci nous a fournies pour les réparations, on l'a vu plus haut, ne s'élèvent en tout, y compris les livraisons de charbon, les mines de la Sarre, qu'à une valeur de 2,081,787,000 marks-or (dont une infime proportion, 143,649,000 seulement en numéraire), soit 5 à 6 milliards de francs-papier au maximum. Nous, nous avons payé déjà aux sinistrés, pour les réparations dues par l'Allemagne et que celle-ci n'acquittait pas, 95 milliards de francs. Si le contribuable allemand se plaint des conséquences des réparations, que peut penser et dire le contribuable français !

7° *Pertes passagères de revenu résultant de la nécessité de payer à l'armement étranger, par suite de la saisie de la flotte de commerce, le fret correspondant à l'expédition de marchandises allemandes.* — M. Müller consacre, à la page suivante, un paragraphe spécial à cette question.

Nous aurons ainsi occasion d'y revenir et de montrer combien peu fondées sont les récriminations des *Süd. Monatshefte* à ce sujet.

8° *Pertes passagères résultant des obstacles apportés à la libre activité industrielle, imposition de charges spéciales, réquisition de locaux d'habitation, de bureaux ou de magasins ainsi que de matériel pour les armées d'occupation étrangères.* — L'énumération est longue. En fait, il s'agit simplement des conséquences de l'occupation. Nous avons montré plus haut que tous les traités de paix intervenus dans des circonstances analogues à celles qui ont accompagné la conclusion du Traité de Versailles ont été suivis de l'occupation d'une partie des territoires du vaincu, aux frais de celui-ci. La situation que signale M. Müller résulte de l'application d'un usage constant. Et on peut même dire que, rarement, traité de paix a stipulé l'occupation d'une partie relativement aussi peu étendue des territoires ex-ennemis.

9° *Pertes passagères que les détenteurs allemands de valeurs (actions, emprunts d'État ou des communes, obligations, hypothèques, etc.) éprouvent, dans une large mesure, par suite de la diminution durable de la valeur du capital et des intérêts qu'occasionne la dépréciation continue du mark, laquelle est, elle-même, la conséquence des obligations insensées imposées à l'Allemagne au titre des réparations.* — Il n'est pas besoin de réfléchir longtemps pour apercevoir que la baisse du mark ne contribue ni à relever nos maisons détruites ni à restaurer nos mines saccagées et qu'on ne saurait, dès lors, voir là, comme fait M. Müller, quelque prestation (Leistung) au titre des réparations. Nous devons, cependant, nous arrêter à cette rubrique.

C'est un des thèmes de la propagande allemande que de présenter la baisse du mark comme une conséquence des réparations. Si la chose pouvait être établie, nul meilleur argument ne saurait servir à ameuter, contre le Traité de Versailles, les spéculateurs, neutres ou autres, qui, dans l'espoir d'un rapide bénéfice, ont acheté, en masse, des billets de la Reichsbank. Mais la thèse ne résiste pas à l'examen des statistiques et il suffit de rapprocher, comme nous l'avons fait dans le tableau suivant, le montant des réparations effectuées par l'Allemagne, le chiffre de la circulation fiduciaire dans ce pays et le cours du mark pour constater que l'exécution du Traité de Versailles ne peut être rendue responsable de l'effondrement de la devise allemande.

	TOTAL des prestations effectuées par l'Allemagne au titre des réparations. (En milliers de marks or.)	MONTANT de la circulation fiduciaire (Billets de la Reichsbank et des caisses de Prêts). (En milliers de marks.)	COURS du mark à Londres (pour une livre sterling). (Marks.)
Au 30 avril 1921.............	5,572,833	80,382,000	261
Au 30 avril 1922.............	7,565,817	149,604,000	1,253
Au 31 décembre 1922..........	8,499,224	1,293,345,000	34,000

Ces chiffres montrent, à l'évidence, que la charge des réparations, loin de pouvoir être considérée comme la cause de l'inflation et de la chute du mark, a été, en fait, à peu près sans influence tant sur celle-ci que sur celle-là. Au 30 avril 1921, le montant des prestations effectuées par l'Allemagne dépassait 5 milliards et demi. A cette date, la circulation fiduciaire n'était que de 80 milliards et le mark cotait, à Londres, 261. Au 30 avril suivant, la valeur des prestations atteignait 7,565,817,000. Ce n'était qu'une augmentation de moins de 2 milliards, 36 p. 100. Cependant, la circulation fiduciaire double presque et le mark baisse dans la proportion de 6 à 1. Au 31 décembre 1922, l'écart s'accentue. Les réparations effectuées au cours de la période 30 avril-31 décembre représentent 933,407,000 marks or seulement, moins de 1 milliard. L'augmentation, par rapport aux chiffres de la période précédente, n'est que de 12 p. 100. Pourtant la circulation fiduciaire s'accroît de 1,143,941,000, décuplant presque, et le mark baisse dans la proportion de 1 à 28. Ainsi le Reich avait pu, au 30 avril 1921, tout en maintenant sa circulation fiduciaire à 80 milliards et son change à 261, effectuer des prestations dépassant 5 milliards et demi, c'est-à-dire beaucoup plus de la moitié de tout ce qu'il a payé jusqu'à aujourd'hui. Et, du 30 avril au 31 décembre 1922, tandis qu'il fournissait moins de 1 milliard pour les réparations, sa circulation augmentait de plus de 1,000 milliards et son change se tendait jusqu'à 34,000.

Personne ne saurait admettre que ce soient d'aussi modiques prestations qui aient provoqué une pareille inflation fiduciaire, un tel effondrement de la devise allemande. Encore avons-nous dû, faute de statistiques plus récentes, arrêter notre démonstration au 31 décembre 1922. Mais, sans qu'il soit possible encore de produire à ce sujet des chiffres officiels, on sait que, depuis le commencement de la présente année, le montant des prestations effectuées par l'Allemagne est sensiblement égal à zéro. Cependant, durant cette période, la circulation fiduciaire a quintuplé, dépassant largement aujourd'hui 5,000 milliards. Quant au change, il est tombé aux environs de 180,000. Cela sans que le Reich fournît rien, payât rien.

Il n'y a donc pas de lien, pas de rapport direct entre les prestations de l'Allemagne au titre des réparations et le montant de sa circulation fiduciaire ou la tenue de sa devise. Si le montant de celle-là s'accroît de façon insensée, si les cours de celle-ci s'effondrent, la faute n'en est pas au Traité de Versailles, mais à la politique financière du Reich. Le Gouvernement allemand n'a pris aucune mesure en vue d'entraver l'évasion des capitaux. Il laisse faire les exportateurs qui, pour spéculer plus à l'aise, s'abstiennent de rapatrier leurs bénéfices, les capitalistes qui, afin d'échapper à l'impôt, envoient leurs fonds à l'étranger. Au lieu d'émettre les emprunts et d'établir les taxes que la situation réclame, il a recours à l'expédient favori des gouvernements sans énergie ou sans autorité, la planche aux assignats. Les émissions de billets en sont venues à dépasser parfois le chiffre de 500 milliards en une seule semaine. Dans ces conditions, il n'est pas nécessaire de faire intervenir les réparations pour expliquer la baisse du change. Combinée avec l'évasion des capitaux, l'inflation produit d'elle-même, en Allemagne, ses effets habituels. Et c'est ainsi que la chute du mark a atteint son maximum durant une période où, nous venons de le voir, les réparations avaient été pratiquement réduites à néant.

M. Müller n'est donc nullement fondé à dire, comme il fait, que « la chute continuelle du mark est une suite des obligations insensées au titre des réparations ». Est-il plus près de la vérité quand il compte, parmi les prestations indirectes (« indirekte Leistungen ») de l'Allemagne, les pertes que cette baisse de sa devise aurait infligées aux capitalistes du pays ?

De toute évidence, il n'y a là rien qui ressemble à une prestation, même indirecte, au titre des réparations. On peut ajouter que, si l'aventure cambiste où s'est engagée l'Allemagne peut être considérée comme devant aboutir presque fatalement, dans un avenir plus ou moins rapproché, à une crise extrêmement grave, si elle occasionne dès maintenant à certaines catégories de citoyens, par exemple aux petits rentiers, un préjudice considérable, cette politique financière, pour dangereuse qu'elle soit en elle-même, aura cependant procuré dans l'ensemble, au Reich, de très substantiels avantages. M. Müller n'en dit rien. Ils n'en sont pas moins réels. Cette masse de billets que la Reichsbank émettait à jet continu, les Allemands se sont appliqués à en faire passer à l'étranger la plus grande part. Grâce à un système habile de réclame, à une organisation ingénieuse de démarcheurs, ils ont ainsi réussi à échanger contre des devises appréciées, dollars, livres sterling, florins, couronnes scandinaves, francs suisses, une quantité considérable de ces marks, qui ne coûtaient au Reich qu'un peu de papier et un peu d'encre. Parallèlement, la courbe des prix intérieurs et des salaires ne se modelant qu'avec un retard assez grand sur celle des changes, les industriels allemands pouvaient produire, à bon compte, des marchandises qu'ils vendaient avec de gros bénéfices sur les marchés étrangers où leurs concurrents ne pouvaient lutter contre un pareil dumping.

Il est difficile d'apprécier exactement l'importance des bénéfices réalisés de la sorte par les gens d'affaires du Reich. Dans une conférence dont la presse a rendu compte récemment, on a cité une opinion qui aurait été émise par M. Crissinger, le dernier contrôleur du change aux États-Unis, et d'après laquelle les bénéfices réalisés rien que dans ce pays par les Allemands, sur les ventes de marks papier, s'élèveraient à 960 millions de dollars. Quant au total des dépôts des particuliers allemands dans les banques étrangères, il atteindrait 4 milliards de dollars.

Nous ne saurions donner ces chiffres comme autre chose que des indications (1). Mais ils ont été reproduits par l'un des principaux organes de la presse, et leur publication n'a provoqué ni protestation ni démenti. Ils ne sauraient donc, semble-t-il, s'écarter beaucoup de la vérité.

Nous nous croyons dès lors en droit de conclure que, quant à présent tout au moins, loin d'avoir été pour l'Allemagne une cause de pertes, la chute du mark a permis à ce pays de réaliser, au détriment d'étrangers mal avisés et par le moyen de combinaisons dont un Ministre des Finances a pu dire, dans un discours public, qu'elles constituaient « la plus vaste escroquerie que le monde ait jamais connue », de très substantiels bénéfices. Cette baisse de sa devise ne saurait en tous cas être portée, comme fait M. Müller, au compte des réparations. Il en est de même de toutes les autres soi-disant « prestations indirectes » qu'il énumère complaisamment au crédit de l'Allemagne et dont il prétend que le total, ajouté à celui des prestations directes, dépasse la somme de 132 milliards de marks or prévue par l'état des payements de Londres. En réalité, toute l'argumentation développée à ce sujet par l'auteur repose, nous pensons l'avoir démontré, sur des contre-vérités ou sur des équivoques et rien de qu'il avance dans son article n'infirme les chiffres de la Commission des Réparations fixant à un peu moins de 8 milliards et demi de marks or le total des prestations effectuées jusqu'ici, par le Reich, au titre des réparations.

Avant d'en finir avec cette question des réparations globales de l'Allemagne, rappelons encore un fait. Sur les 8 milliards et demi de prestations reçues par les Alliés, la part revenant à la France représente, en tout, 2,081,787,000 marks or

---

(1) Dans les milieux financiers du Reich, on assure que le montant des avoirs allemands à l'étranger ne dépasse pas 4 milliards de *marks* or.

(dont seulement 143,649,000 en espèces). Comparée à l'immensité des dommages que nous avons subis, cette somme peut être considérée en soi comme infime. Mais il y a plus. Pendant leur occupation de nos départements du Nord-Est, les Allemands ont recouru aux réquisitions dans une mesure extrêmement grande. D'après les statistiques du Ministère des Régions Libérées, la valeur de ces réquisitions s'est élevée à 8,769,831,000 francs. Il ne s'agit pas là de destructions, d'opérations dont le seul effet aurait été de nous appauvrir, mais de sommes d'argent, d'approvisionnements, métaux, tissus, coton, laine, huile, tabac, etc., que les Allemands ont pris à nos nationaux, dont l'Allemagne s'est, en fait, enrichie. Les prestations du Reich n'atteignant, nous venons de le rappeler, que 2,081,787,000 marks or, c'est-à-dire une somme sensiblement inférieure aux 8,769,531,800 francs papier que représentent les réquisitions allemandes, il en résulte qu'aujourd'hui l'Allemagne non seulement n'a pas encore réparé les dommages causés à la France, mais qu'elle n'a pas même remboursé l'équivalent de l'argent, des approvisionnements, réquisitionnés par elle dans nos départements du Nord-Est. Sur cette opération de butin, elle reste en bénéfice.

Charges fiscales résultant, pour le contribuable allemand, des réparations. (P. 350-351.) — Le chapitre consacré, par M. Müller, à l'examen des charges fiscales résultant, pour le contribuable allemand, des réparations, commence par une assertion bien propre à frapper l'esprit du lecteur : « Sur chaque nouveau-né, en Allemagne, pèse une charge de réparation représentant 4,763.8 marks or, soit, d'après le cours du change au 31 décembre 1922, 4,763,500 marks papier ».

Ces chiffres, au premier examen, peuvent impressionner. Mais que représentent-ils ? D'abord, qu'entend M. Müller par cette expression : « chaque nouveau-né » ? Puis, pour être complète, pour convaincre, la comparaison ne devrait pas être limitée à la seule Allemagne. Il conviendrait d'évaluer aussi quelles charges les dévastations commises par les armées du Reich imposent en France, en Belgique, à chaque « nouveau-né ».

M. Müller ne fait pas ce rapprochement. Par contre, il tente une comparaison entre les systèmes fiscaux en France, en Angleterre, en Allemagne, et essaye d'établir que c'est dans ce dernier pays que le contribuable est le plus lourdement chargé.

Son procédé est simple, si simple qu'il est permis de se demander comment l'auteur a pu croire qu'un seul lecteur se laisserait abuser par une aussi grossière équivoque.

M. Müller pose, d'abord, que les impôts directs en 1913 représentaient, par tête d'habitant, 32.8 marks en Allemagne; 32 sh. 3 d. en Angleterre; 13 sh. 6 d. en France; 12 sh. 6 d. en Italie. Pour 1920, les chiffres étaient respectivement : 452.6 marks; 303 sh.; 47 sh. et 43 sh. 3 d. L'augmentation serait donc de 1379 p. 100 pour l'Allemagne, 977 p. 100 pour l'Angleterre, 348 p. 100 pour la France et 346 p. 100 pour l'Italie.

Cette statistique, fût-elle exacte, ne prouverait pas grand chose. Il n'y est tenu compte en effet, M. Müller le dit expressément, que des impôts « directs ». Ils ne représentent qu'une partie des ressources budgétaires, plus forte, d'ailleurs, proportionnellement, en Angleterre et en Allemagne qu'en France, où les taxes indirectes ont formé longtemps la base du système fiscal (1).

---

(1) Le tableau suivant montre combien les impôts indirects sont lourds en France, légers en Allemagne :

À la fin de l'année 1922, l'impôt sur la bière représentait, en Allemagne, 2 p. 1000; en France 60 p. 1000.

L'impôt sur le sucre, en Allemagne, 1 p. 1000; en France, 180 p. 1000.

L'impôt sur le sel, en Allemagne, 2.6 pour 1,000; en France, 240 p. 1000.

L'impôt sur les allumettes, en Allemagne, 3 p. 1000; en France, 330 p. 1000.

On donne donc, en envisageant le produit des seules taxes directes, une idée tout à fait insuffisante de l'effort du contribuable français. Le choix de l'année 1920, comme point de comparaison, constitue une autre occasion d'erreur. Pendant les premiers mois qui ont suivi la paix, il n'avait pas été possible de procéder, en France, à la création des nouvelles taxes nécessaires pour faire face à l'augmentation de nos dépenses. Les dix départements du Nord-Est, qui étaient parmi les plus riches, fournissant à eux seuls, avant la guerre, le cinquième du produit de tous les impôts, venaient à peine d'être évacués par l'ennemi. Tout y était en ruines. Il fallait ménager leurs ressources renaissantes. Ce n'est donc qu'en 1920 que l'on procéda à la réforme fiscale devenue indispensable. Elle eut une ampleur très grande. La loi du 25 juin 1920 créa, en une seule fois, pour plus de 7 milliards d'impôts nouveaux. Mais le budget n'ayant été voté, cette année, que le 31 juillet, ces augmentations furent, en 1920, appliquées pendant cinq mois seulement. L'année 1920 est donc tout à fait anormale et c'est fausser la comparaison des budgets français et allemand que de la prendre pour base. Si M. Müller avait choisi n'importe laquelle des années suivantes qui, elles, sont toutes normales, car les impôts créés par la loi du 25 juin 1920 y ont été perçus intégralement, il aurait obtenu des chiffres très différents de ceux dont il fait état.

Sa statistique appelle une autre observation.

M. Müller y compare le produit des impôts en 1913 et en 1921. Mais, entre ces deux dates, la valeur de l'étalon monétaire a diminué dans la plupart des pays. Le mark, par exemple, le franc, la lire, ne valaient plus, en 1920, ce qu'ils avaient valu sept ans avant. Pour comparer utilement le produit respectif des impôts aux deux dates considérées, il faut, évidemment, tenir compte de ce fait. M. Müller n'y a pas manqué pour l'Italie et pour la France. Pour ces deux pays, il a converti le produit des impôts en shillings, c'est-à-dire en une monnaie restée relativement stable de 1913 à 1920. En ce qui concerne ces pays et, bien entendu, l'Angleterre, sa comparaison — sous réserve de ce que nous venons de remarquer touchant l'omission des impôts indirects — peut donc être considérée comme exacte. Mais, tandis qu'il évaluait ainsi en shillings le produit des taxes directes en France et en Italie, M. Müller, pour l'Allemagne, calculait en marks. Il n'est pas difficile de démêler les motifs qui l'ont déterminé. Le cours du mark ayant considérablement fléchi de 1913 à 1920, M. Müller, en opérant comme il faisait, a grossi artificiellement le produit apparent des impôts allemands en 1920, faisant croire, ainsi, à une augmentation des charges du contribuable allemand très supérieure à ce qu'elle était en réalité. Si M. Müller avait, au contraire, converti en shillings, comme pour la France et l'Italie, le produit des impôts allemands, il eût trouvé, pour 1920, une valeur bien inférieure à celle dont il fait état. Il n'aurait pu, par suite, arriver à ce chiffre de 1379 p. 100, indiqué par lui comme représentant l'accroissement des impôts directs en Allemagne et sur l'élévation duquel il compte sans doute pour accréditer l'opinion que ce pays ploie sous le faix des charges fiscales, mais qui est complètement faux et n'a été obtenu que par un procédé faisant plus d'honneur à la dextérité de M. Müller qu'à son souci de la vérité.

M. Müller ne s'en tient pas au rapprochement dont nous venons de montrer l'incorrection. Dans le paragraphe qui suit, il annonce une « comparaison des charges fiscales en Allemagne, Angleterre et France ».

Le texte est formel « Vergleich zwischen Steuerbelastung in Deutschland, England und Frankreich ». Il semble qu'aucune équivoque ne soit possible et qu'il s'agisse, cette fois, d'une comparaison entre tous les impôts, entre les charges fiscales totales des trois pays considérés. Cependant, à la lecture, on constate, tout de suite, qu'il n'en est rien. Tout au long de ce paragraphe, bourré de chiffres et de pourcentages, M. Müller ne parle plus que de l'impôt sur le revenu. Chacun sait que cet impôt, dont l'introduction en France est récente alors qu'il existe depuis longtemps en Angleterre et en Allemagne, a été, jusqu'à ces dernières années, moins lourd chez nous que chez nos voisins du Nord et de l'Est. Mais aucune conséquence valable ne saurait être tirée de ce fait. Car, tandis que l'impôt sur le revenu joue, chez les Allemands et surtout chez les Anglais, un rôle primordial, il n'est encore, dans notre système fiscal, qu'accessoire. Prendre cette seule taxe et en faire le point unique de comparaison, c'est témoigner suffisamment qu'on veut abuser, non éclairer le lecteur.

Point n'est besoin, en effet, de réfléchir longtemps pour comprendre que, les systèmes fiscaux variant considérablement suivant les États, un rapprochement entre les charges supportées par les contribuables de deux pays est sans valeur si l'on choisit arbitrairement, pour les opposer, telles ou telles taxes isolées. Il faut, de toute évidence, tenir compte de tous les impôts. Ce n'est pas, d'ailleurs, chose facile. La tâche a été cependant entreprise.

La Commission des Réparations, entre autres, s'y est attachée. Dans un rapport très étudié, trop étendu malheureusement pour que nous puissions le reproduire ici, un de ses membres était arrivé à la conclusion que, pour l'année considérée (1921) et sous réserve des corrections à effectuer éventuellement pour tenir compte du change, « quel que soit le mode de conversion adopté, la charge fiscale par personne active, aussi bien que la charge fiscale par tête, paraît sensiblement plus faible en Allemagne qu'en France ».

Le Secrétariat général de la Société des Nations, de son côté, avait préparé, pour la Conférence financière internationale qui s'est tenue à Bruxelles en septembre 1920, un mémoire concluant que le contribuable français payait 18 p. 100 de son revenu, l'Allemand 12 p. 100 seulement.

Nous n'ignorons pas que le Ministre des Finances du Reich a contesté ces chiffres. Dans un contre-rapport, il a conclu que l'ensemble des impôts représentait, en France, 12.66 p. 100 seulement du revenu contre 15 p. 100 en Allemagne.

Nous sommes déjà loin, avec ces chiffres, des fantaisies de M. Müller. Quoique ceux-là soient autrement sérieux que celles-ci, on ne saurait cependant pas non plus les admettre.

Tout d'abord, dans ses calculs, le contre-rapport allemand écarte également, pour chacun des deux pays, les taxes communales. Mais, tandis qu'il ajoute aux impôts du Reich ceux des États fédérés, il omet de tenir compte, pour la France, des impôts départementaux qui représentent, chez nous, une charge très appréciable. D'autre part, pour évaluer l'imposition par tête en France, ce contre-rapport s'est basé sur les prévisions des recettes de 1920, lesquelles, à raison de la date à laquelle a été votée la loi de finances (31 juillet), ne comprenaient, nous venons de le voir, que pour les cinq douzièmes les augmentations d'impôts adoptées cette année et dont le montant extrêmement élevé (7,331,000,000 francs) pèse tout entier sur les exercices ultérieurs. De ce chef, une rectification très importante devrait être apportée aux évaluations du contre-rapport allemand. Celui-ci, enfin, pour calculer le revenu moyen des contribuables dans le Reich, part d'une série de données — rapport entre l'impôt perçu et le revenu moyen des salariés — proportion des salariés par rapport à l'ensemble de la population — importance respective des revenus des salariés et des non-salariés — sur lesquelles il ne fournit aucune justification et qui semblent très hypothétiques. Ce document ne fait d'ailleurs état ni des grands industriels, ni des commerçants, ni des sociétés. Les résultats auxquels il aboutit ne sauraient donc infirmer en rien les conclusions où la Société des Nations et la Commission des Réparations ont été conduites, l'une et l'autre, par une étude approfondie, impartiale de la question.

Encore ne faut-il pas perdre de vue que toutes ces enquêtes ont pour point de départ les impôts tels qu'ils sont votés régulièrement, dans chacun des États, par leur Parlement respectif. Les charges de l'Allemagne apparaîtraient plus faibles encore, proportionnellement, si l'on tenait compte des avantages indirects qui y sont, aux frais de l'État, assurés aux contribuables. Nous ne saurions en donner, ici, l'énumération complète. De tout temps, l'Allemagne a été le pays des ristournes. Contentons-nous de rappeler que, récemment encore, on pouvait traverser, en chemin de fer, la moitié du territoire allemand pour ce que coutait, chez nous, un billet de Paris à Fontainebleau et que le prix d'une lettre pour l'étranger était — bénéfice très appréciable pour les négociants, les banquiers, les gens d'affaires — cinq fois moins élevé dans le Reich qu'en France. Rappelons aussi une pratique dont on peut dire qu'elle constitue un véritable sabotage des finances allemandes, mais qui n'en est pas moins généralisée, pour le plus grand profit des gros industriels, des gros négociants, des gros capitalistes. L'impôt établi n'est perçu, dans le Reich, qu'assez longtemps après l'échéance. Comme le mark baisse presque continuellement, les assujettis se trouvent n'acquitter leurs taxes qu'en une monnaie dépréciée qu'ils peuvent se procurer, le jour du payement, pour une somme très inférieure à la valeur de ce qu'ils auraient eu à débourser si l'impôt avait été régulièrement perçu. C'est un dégrèvement occulte, qui diminue grandement les recettes du budget mais réduit aussi, dans une forte proportion, le chiffre des taxes effectivement versées par les contribuables. Nous n'en ferons pas état pour la comparaison des charges fiscales en Allemagne et en France. Le poids des impôts n'en est pas moins, de ce chef, atténué de façon très appréciable dans le premier de ces pays. Les quatre membres du *Labour party* écossais qui se sont rendus récemment dans la Ruhr ont émis l'avis que, par suite de l'application de cette pratique, les Allemands riches ne payaient, en fait, que la dixième partie des taxes qu'ils auraient dû acquitter. Nous ne saurions nous porter garant de cette évaluation. Mais, étant donné, d'une part le caractère de la question, de l'autre l'impartialité évidente de MM. Wheatley, Maxton, Kirkwood et Campbell, on nous permettra de reproduire, ci-après, le texte même de leur rapport : « The tax on those with higher incomes is assessed in marks one year and collected the next. As the mark depreciates, the tax becomes less, and the sum a rich German pays may not be more than 10 o/o of what he was expected to pay ».

Livraisons de tonnage. (P. 351-352.) — Nous avons déjà signalé, quelques pages plus haut, une première allusion de M. Müller aux cessions de navires que le Traité de Versailles a imposées à l'Allemagne. L'auteur revient sur la question dans un paragraphe spécial intitulé « Combien de tonnage commercial l'Allemagne a-t-elle dû livrer »...

Cette partie de son article est bourrée de statistiques. Nous ne nous y arrêterons pas. Mais nous ferons remarquer que les récriminations de M. Müller, malgré le luxe de chiffres qui les accompagne, manquent de base. Toutes ces livraisons de navires, qu'il énumère si complaisamment, n'ont, en effet, qu'un objet, qu'un but : remplacer les navires alliés, perdus ou endommagés par faits de guerre. Si l'on songe dans quelles conditions abominables ont été décimées les marines commerciales de l'Entente par des sous-marins allemands qui détruisaient sans sommation, sans souci du sort des équipages, des passagers, nul ne pourra critiquer la disposition de l'Annexe III, § 1er, stipulant que « l'Allemagne reconnaît le droit des Puissances alliées et associées au remplacement tonneau pour tonneau et catégorie pour catégorie de tous les navires et bateaux de commerce et de pêche perdus ou endommagés par faits de guerre ».

Toutes les livraisons de tonnage dont M. Müller cherche à faire état tendent simplement, uniquement, à rendre effective cette disposition si évidemment légitime. Et il s'en faut de beaucoup que le but ait été atteint. M. Müller s'appesantit sur les pertes de l'Allemagne. Il nous permettra de rappeler les nôtres.

La marine marchande française avait perdu, par faits de guerre, 950,000 tonneaux environ de jauge brut. Dans le partage des navires ex-ennemis, la France s'est vu attribuer 208,000 tonneaux seulement. Et si, à la suite de négociations avec l'Angleterre, celle-ci a consenti à nous céder 250,000 tonneaux supplémentaires, la plus grande partie, 150,000 tonneaux, l'a été à des conditions désavantageuses, car leur valeur provisoire fut déterminée à un moment où le tonnage était particulièrement cher. Faisons cependant état de cet appoint. Tout compte balancé, nous n'avons guère récupéré que la moitié de ce que nous avions perdu, pendant la guerre, du fait de l'Allemagne.

Ce n'est donc pas celle-ci qui serait fondée à se plaindre. Elle a d'ailleurs, M. Müller le rappelle, réparé déjà une grande partie de ses pertes. L'auteur fait hommage de ce résultat à « l'application allemande et à l'énergie allemande ». Certes, l'application, l'énergie, sont des vertus singulièrement développées de l'autre côté du Rhin. Nous y rendons pleine justice. Mais cela n'aurait pas suffi en l'espèce. Si la flotte commerciale allemande s'est promptement reconstituée, c'est que le Gouvernement du Reich, dans le temps même où il se déclarait sans ressources pour supporter la charge des réparations, a largement subventionné constructeurs et armateurs. Par une série de lois et d'arrêtés dont le dernier est du 22 avril 1921, ce gouvernement a mis à la disposition des chantiers navals et de l'armement une somme de 12 milliards de marks. Ce chiffre représentait, alors, une importante valeur en or. D'ailleurs, le change ayant, pendant l'exécution du programme, baissé en Allemagne, et les prix, les salaires, ayant haussé parallèlement, le Gouvernement, pour y parer, accorda une subvention complémentaire, calculée d'après une échelle mobile dont l'application aura vraisemblablement pour effet de fixer le montant de ce nouveau subside à 30 milliards, sur lesquels plus de 17 milliards ont été versés par provision, avant tout vote du Reichstag, et en dépit des observations ou protestations du Comité des garanties, de la Commission des Réparations, justement préoccupés de ces payements considérables effectués par le Reich à un moment où il se prétendait dans l'impossibilité de faire face aux obligations que lui avait imposées le Traité de Versailles.

L'Allemagne écartée du commerce mondial. (P. 352-353.) — Dans le chapitre suivant qui a pour titre « Quelles conséquences a eues le fait que l'Allemagne est exclue du commerce mondial », M. Müller fait une nouvelle tentative — nous en avons signalé déjà plusieurs — pour ameuter contre le Traité de Versailles les pays à change apprécié, spécialement l'Angleterre et les États-Unis.

Suivant l'auteur, le Traité de Versailles exclut l'Allemagne du commerce mondial. Les livraisons de charbon ont saturé de combustible les marchés de l'Europe occidentale. La baisse du mark a permis à l'Allemagne de concurrencer chez eux les pays à change apprécié qui, ne pouvant produire à si bon compte, ont dû fermer leurs usines et licencier leurs ouvriers. Et M. Müller reproduit une lettre d'un « représentant éminent du monde américain des affaires », signalant qu'il y avait dans son pays, à la fin de 1921, 6 millions de chômeurs, et déplorant que l'Allemagne soit devenue trop pauvre pour acheter aux États-Unis, comme elle faisait autrefois, le surplus de leur production de blé, de coton, de cuivre. M. Müller conclut : « Rien, mieux que cette

« lettre, ne prouve quelles conséquences a eues, pour l'Amérique, le fait que l'Allemagne
« a été exclue du commerce mondial. Tant que l'Allemagne aura à supporter les
« payements insensés aux alliés, elle ne pourra plus jamais soutenir son change,
« elle restera, ainsi, toujours écartée du marché mondial comme cliente de l'Amé-
« rique ».

La manœuvre est visible. Il s'agit de persuader les producteurs des États-Unis que
l'Allemagne, ruinée par les réparations, ne peut plus payer le blé, le coton, le cuivre
qu'elle leur achetait autrefois et de les amener, ainsi, à faire pression sur le Gouvernement Fédéral pour qu'il provoque une révision du Traité de Versailles. Mais cette
insidieuse combinaison se heurte à un obstacle, les statistiques mêmes des douanes
nord-américaines. Si M. Müller avait pris la précaution élémentaire de les consulter,
sans doute se serait-il gardé de prétendre que l'Allemagne a cessé d'être un client des
États-Unis pour leur blé, leur coton et leur cuivre. La réalité est toute autre, en effet,
ainsi qu'en témoignent les statistiques ci-dessous, indiquant quelles ont été, pour ces
produits, les exportations nord-américaines en 1913 (dernière année avant la guerre) et
en 1921 (première année normale depuis la paix).

Exportations de blé (en bushels de 27 kilogr. 21) :

ANNÉE.	ALLEMAGNE.	GRANDE-BRETAGNE.	FRANCE.	EXPORTATION TOTALE.
1913	12,912,395	31,777,464	5,353,426	99,508,968
1921	36,931,189	63,672,052	8,988,240	280,057,601

Exportations de coton (en livres anglaises de 453 grammes) :

ANNÉE.	ALLEMAGNE.	GRANDE-BRETAGNE.	FRANCE.	EXPORTATION TOTALE.
1913	1,329,320,171	1,605,455,423	519,342,062	4,481,868,754
1921	783,325,674	849,168,682	334,228,703	3,339,113,489

Exportations de cuivre raffiné (en livres anglaises de 453 grammes) :

ANNÉE.	ALLEMAGNE.	GRANDE-BRETAGNE.	FRANCE.	EXPORTATION TOTALE.
1913	249,876,514	98,937,049	119,774,235	740,340,312
1921	233,072,479	61,771,570	98,731,640	596,117,247

Ces statistiques dont les chiffres, répétons-le, sont tirés des publications officielles
américaines, ne laissent rien subsister de la thèse de M. Müller.

Pour le blé, elles montrent que l'Allemagne a importé, en 1921, des États-Unis
une quantité triple de celle qu'elle avait achetée en 1913, l'année qui avait précédé
la guerre.

Pour le coton, il y a sans doute une réduction sensible. Mais l'Allemagne n'est pas
seule à avoir acheté aux États-Unis, en 1921, des quantités inférieures aux chiffres de
1913. Tous les pays considérés sont dans ce cas. La réduction est même plus forte
pour la Grande-Bretagne que pour l'Allemagne.

Pour le cuivre, les exportations nord-américaines à destination de l'Allemagne ont
atteint, en 1921, des chiffres presque exactement égaux à ceux de 1913. Ce résultat
est d'autant plus remarquable que les ventes des États-Unis à leurs autres clients ont
considérablement fléchi cette année. En 1921, l'Allemagne est restée la meilleure

cliente des États-Unis pour le cuivre. Elle leur en a, à elle seule, acheté plus que ne faisaient, ensemble, la Grande-Bretagne et la France.

Notons que, entre 1913 et 1921, l'Allemagne a perdu des territoires qui consommaient cuivre, coton et blé. Ses importations, normalement, auraient donc dû être très notablement inférieures, durant cette dernière année, à ce qu'elles avaient été pendant la première. Notons aussi que nous avons donné ici des statistiques en *poids*. Si nous avions calculé d'après les *valeurs* nous aurions trouvé, étant donné la hausse des prix, que l'Allemagne, pour ses achats aux États-Unis, avait payé, en 1921, des sommes extrêmement supérieures à ce qu'elle leur versait avant la guerre.

Les faits démentent donc M. Müller et, en présence des statistiques mêmes publiées par les douanes américaines, il n'est plus permis de prétendre que l'Allemagne, du fait des réparations, est rayée du nombre des clients des États-Unis.

Que reste-t-il, dès lors, de sa thèse?

Si le traité de Versailles a pris, en effet, contre la concurrence déloyale de l'Allemagne, des précautions qu'un passé récent ne justifiait que trop, il n'a nullement exclu ce pays, nous venons d'en avoir la preuve pour les États-Unis, du commerce international. L'assertion de M. Müller que les livraisons de charbon pour les réparations avaient saturé l'Europe occidentale n'a été vraie que durant une très brève période. Nous avons établi plus haut que, en ce qui concerne la France, les prestations réellement effectuées n'avaient pas même compensé la diminution de production résultant, pour nos houillères, des dévastations criminelles effectuées par les armées allemandes. Voici beau temps que la France a recommencé d'acheter du charbon en Angleterre. Quant à la crise mondiale que signale la lettre mentionnée par M. Müller, elle n'est que trop réelle et le chiffre de 6 millions, qu'il donne pour l'effectif des chômeurs aux États-Unis en décembre 1921, ne paraît pas loin de la vérité. Mais qu'en conclure? La lettre même dont M. Müller cherche à faire état ne rend pas d'ailleurs le Traité de Versailles ni les réparations responsables de cette situation.

C'est qu'en effet la crise mondiale a des causes plus générales, plus profondes. Que l'Allemagne, par l'exportation de ses produits établis à vil prix grâce à la baisse du mark, ait contribué à aggraver le mal, la chose est possible, probable même. Mais nous avons démontré plus haut que cet effondrement de son étalon monétaire était dû à la politique financière insensée du Reich. On ne saurait donc en faire grief au Traité de Versailles. Un fait, au surplus, suffit à établir que, si l'Allemagne a contribué peut-être, par ses manœuvres, à rendre plus intense la crise mondiale, les causes premières de celle-ci ne doivent pas être cherchées dans ce pays. C'est, en effet, au Japon, c'est-à-dire aux antipodes de l'Allemagne, que la crise a commencé. Elle a, ensuite, gagné les États-Unis d'où elle s'est, plus tard, étendue à l'Europe. Il suffit de suivre la marche du phénomène pour constater que sa cause n'est pas en Allemagne. Ajoutons que la crise s'est déjà considérablement atténuée. Un malaise sans doute persiste. Les terribles secousses, les pertes effroyables de la guerre ne pouvaient manquer d'avoir des conséquences prolongées. Quand bien même l'Allemagne n'aurait pas été vaincue, quand bien même le Traité de Versailles ne serait pas intervenu, le monde, après une pareille tourmente, ne pouvait retrouver tout de suite son équilibre. Mais, dès maintenant, les progrès sont des plus sensibles, notamment dans les deux pays que vise M. Müller, l'Angleterre et les États-Unis. Dans ce dernier, il n'est plus question, depuis longtemps, de 6 millions de chômeurs. L'Allemagne faciliterait grandement le retour à une situation normale en s'abstenant des pratiques plus que criticables par lesquelles el e a, depuis quelque temps, avili, peut-être intentionnellement, son mark, faussant ainsi, pour les autres pays producteurs, les conditions de la concurrence et contribuant à aggraver, à prolonger, une situation déplorable dont **M. Müller** cherche en vain à rendre les réparations responsables.

Cession de matériel de chemin de fer. (P. 353.) — M. Müller n'accompagne d'aucun commentaire l'énumération qu'il donne des cessions de matériel de chemin de fer imposées à l'Allemagne. Les principes suivis à ce sujet par le Traité de Versailles paraissent en tous cas des mieux fondés. Aux termes de l'article 371 « lorsqu'un « réseau ayant un matériel roulant à lui propre sera cédé en entier par l'Allemagne à « une des Puissances alliées ou associées, ce matériel sera remis au complet » et « Pour « les lignes n'ayant pas un matériel roulant spécial, la partie à livrer du matériel « existant sur le réseau auquel ces lignes appartiennent sera déterminée par des com- « missions d'experts désignés par les Puissances alliées et associées et dans lesquelles « l'Allemagne sera représentée. Ces commissions devront prendre en considération l'im- « portance du matériel immatriculé sur ces lignes... la longueur des voies... la « nature et l'importance du trafic ».

Il est superflu de justifier ces stipulations. Si le Reich avait, après la paix, conservé, pour une population et un territoire réduits, tout son matériel roulant d'avant-guerre, il y aurait eu pléthore chez lui. Par contre, les territoires détachés de l'ancienne Alle- magne, se trouvant privés brusquement de toutes les locomotives, de tous les wagons qui y circulaient auparavant, auraient été aux prises avec les difficultés les plus graves.

Rien n'est plus légitime non plus que la disposition de l'article 238 qui a permis de réclamer la restitution du matériel roulant allié capturé par l'Allemagne. Celle-ci n'a d'ailleurs, jusqu'ici, restitué, à ce titre, que 7,876 wagons des réseaux français. Elle doit, suivant les conventions supplémentaires du 7 octobre 1921, rendre encore environ 1,000 wagons français et construire 4,500 wagons de type français pour rem- placer ceux qu'elle déclare ne pouvoir retrouver et dont le nombre est d'environ 20,000.

La catastrophe des finances de l'Allemagne. (P. 351 et 353.) — M. Müller finit son article par un chapitre consacré à « La catastrophe des finances de l'Allemagne », catastrophe dont, bien entendu, il rend les réparations responsables.

Déjà, deux pages plus haut, après avoir dit que, sur 266 milliards de dépenses ins- crites, l'année dernière, au budget allemand, 226 provenaient de l'exécution du Traité de Versailles, l'auteur avait prétendu que, pour faire face aux prestations imposées par cet accord « on devait donner, sans fin, de nouveaux tours de vis aux impôts ». Il avait rappelé, à ce sujet, une décision de la Commission des Réparations en date du 31 mars 1922 exigeant la création de taxes nouvelles jusqu'à concurrence de 60 milliards de marks papier. Dans son chapitre final, M. Müller aligne des chiffres plus importants encore. Suivant lui, le déficit pour l'année 1922, qui atteint 440 milliards, serait dû, tout entier, à l'exécution du Traité de Versailles; sans les réparations, le budget alle- mand s'équilibrerait. M. Müller évoque aussi la progression de la dette flottante — 1er octobre 1922 : 451 milliards, fin décembre : 1,495 milliards — de la circula- tion fiduciaire — 1er octobre 1922 : 344 milliards, 15 janvier 1923 : 1,437 milliards.

Tout cela, il va de soi que l'auteur en attribue la responsabilité au Traité de Versailles.

Certains des chiffres de M. Müller, notamment ceux qu'il donne pour la part des réparations dans les dépenses du budget allemand, appelleraient des rectifications. Nous ne nous y arrêterons pas. Ces chiffres en eux-mêmes, à quelque montant qu'on les fixe, ne signifient rien, ne représentent rien. Le budget allemand, aujourd'hui, n'ayant à sa base qu'une masse mouvante de papier, a cessé de correspondre à des réalités. Chaque jour, de nouvelles émissions viennent en bouleverser la physionomie. L'un des derniers bilans publiés par la Reichsbank montre que, au cours de la seule semaine finissant le 23 mars, il a été émis pour 683 milliards de nouveaux billets. Rapprochés d'un pareil chiffre, ceux qu'énumère M. Müller perdent toute valeur. Les 60 milliards d'impôts nouveaux qu'il évoque ne sont que la dixième partie du produit de cette seule émission effectuée en une seule semaine. Les 440 milliards auxquels il évalue le déficit du budget n'en représentent encore qu'un peu plus de la moitié. Car, au lieu de multiplier sans fin, comme prétend M. Müller, les nouveaux « tours de vis » aux impôts, le Reich se contente, plus simplement, d'accélérer les tours de manivelle de la presse aux billets. 440 milliards de déficit, 60 milliards de taxes nouvelles, en d'autres circonstances, cela supposerait un formidable effort fiscal. Dans l'Allemagne actuelle, ces chiffres témoignent uniquement d'un épouvantable désordre financier.

Et il est tout à fait inexact que ce désordre soit, comme M. Müller essaye de le faire croire, un effet du Traité de Versailles. Nous en avons donné, plus haut, des preuves qui paraissent convaincantes. Ce que dit l'auteur, dans son chapitre sur la « catastrophe des finances allemandes », n'est pas pour affaiblir notre argumentation. Il attribue le déficit du budget aux dépenses des réparations qu'il évalue successivement à 176, 209, 226 et 440 milliards. Acceptons, sans la discuter, cette dernière somme, 440 milliards de marks, pour toute une année. D'après des informations publiées récemment par la presse, et qui n'ont pas été démenties, le déficit du seul budget des chemins de fer et des postes aurait, pendant le seul mois de mars dernier, atteint 1,026 milliards de marks, soit deux fois et demie le total des réparations pendant toute une année. Qui pourrait, dans ces conditions, prétendre que les prestations imposées par le Traité de Versailles soient la cause de la catastrophe financière vers laquelle l'Allemagne s'achemine?

Les autres chiffres produits par M. Müller ne font que confirmer notre conclusion. Ils montrent en effet que, après être restée à un niveau relativement peu élevé jusqu'au 1er octobre 1922, c'est-à-dire pendant la période durant laquelle l'Allemagne a effectué à peu près toutes les prestations qu'elle a fournies au titre du Traité de Versailles, la dette flottante avait passé de 451 milliards à 1,495 et la circulation fiduciaire augmenté dans des proportions analogues, du 1er octobre au 31 décembre, alors que le service des réparations était réduit à fort peu de chose.

La preuve semble donc faite que l'inflation, l'accroissement de la dette flottante, le déficit grandissant ne sont pas imputables au Traité de Versailles, puisque ces désordres financiers s'aggravent pendant que son exécution se ralentit jusqu'à presque cesser. Si une catastrophe vient effectivement à se produire, la faute en sera au Gouvernement allemand qui n'a pas su ou pas pu imposer à la nation les taxes et les emprunt nécessaires. A-t-il agi ainsi par faiblesse, a-t-il voulu ménager la grande industrie chez qui il trouvait un appui pour sa politique intérieure? A-t-il cherché sciemment à ruiner les finances publiques afin de pouvoir plus aisément opposer un *non possumus* aux justes revendications des Alliés, laissant ainsi les victimes de la guerre accablées sous le poids de leurs ruines à relever, tandis que l'Allemagne, délivrée de la charge des réparations, se préparerait pour une lutte économique où il lui serait facile de vaincre ses concurrents épuisés? Quoi qu'il en soit de ces hypothèses, le fait est indéniable que l'on ne saurait, en bonne foi, imputer au Traité de Versailles la situation financière très grave qui se développe de l'autre côté du Rhin et dont est, de toute évidence, responsable le Gouvernement même du Reich.

* * *

Dans les deux articles que nous venons d'analyser, M. Endres, puis M. Müller ont, en quelque manière disséqué le Traité de Versailles, examinant une à une ses dispositions, faisant, de chacune d'elles, une critique distincte, fragmentaire. Un professeur d'histoire à l'Université de Munich, M. Charles-Alexandre von Müller, a assumé la tâche de relier entre elles ces études isolées, de les coordonner et d'en faire la base d'une attaque d'ensemble contre le Traité de Versailles.

Si le titre qu'il donne à son article : « La détresse du peuple allemand et le Traité de Versailles » (p. 354-360) en indique nettement les tendances, le plan auquel l'auteur s'est arrêté paraît quelque peu confus. Nous le suivrons de notre mieux.

M. v. Müller consacre près de la moitié de son article à une sorte de rappel, de résumé des critiques portées, contre le Traité de Versailles, par MM. Endres et Müller. Il insiste sur les sacrifices que ce Traité a imposés à l'Allemagne. Sous couleur de n'en donner « que des exemples » car, suivant lui, « il est impossible de citer fût-ce le plus important », M. v. Müller énumère toutes ces dispositions, plus complètement même que n'avaient fait les deux autres collaborateurs des *Süd.-Monatshefte*. C'est ainsi que, pour les Allemands *irredenti*, il a soin de mentionner, en outre de ceux que M. Endres avait montrés en Autriche, en Tchéco-Slovaquie et en Iougo-Slavie, le quart de million que le Traité de Saint-Germain a donné à l'Italie. Son zèle l'entraîne même à de véritables inexactitudes d'autant plus fâcheuses qu'elles sont certainement voulues. Parlant des réparations, il emploie le terme « Kriegsentschädigung » (indemnité de guerre) sans doute pour créer une équivoque et donner à entendre que les Alliés auraient, contrairement aux 14 points du Président Wilson, exigé de l'Allemagne des indemnités de guerre alors que, en réalité, ils lui ont demandé seulement la réparation des dommages causés à la population civile et à ses biens, sans rien réclamer pour le remboursement de leurs dépenses militaires.

D'autre part, après avoir énuméré minutieusement toutes les prestations en nature imposées à l'Allemagne, sans d'ailleurs spécifier qu'elle ne s'en acquittait que dans une mesure limitée, il dit textuellement « à cela s'ajoutent les versements en or, 2 milliards par an... » La rédaction ne laisse place à aucune équivoque « Und dazu kommen noch die Zahlungen in Gold, jährliche Zahlungen von 2 Milliarden. » Le lecteur non prévenu ne peut pas ne pas croire que les payements en or « s'ajoutent aux prestations en nature ». En réalité il n'en est rien. Nous avons vu plus haut que la valeur des prestations en nature est déduite du montant des payements en or. Ceux-ci ne s'ajoutent donc pas à celles-là. Ils n'accroissent en rien le chiffre des réparations. Ces dernières sont arrêtées à un total donné. Le Reich s'acquitte partie en or partie en nature. M. v. Müller a donc dénaturé complètement les faits par la manière dont il les rapporte. Il a donné, ainsi, de l'importance des charges imposées à l'Allemagne par le Traité de Versailles une idée exagérée. Il n'aura pas donné une idée très haute de la rectitude de ses procédés d'argumentation.

Sous réserve de ce qui précède, cette partie de l'article de M. v. Müller ne contient rien, ni fait, ni critique, ni argument, qui n'ait été exposé déjà dans les études de MM. Endres et Müller, rien par suite à quoi nous n'ayons pas répliqué de façon complète dans les lignes qu'on vient de lire. Nous croyons, dès lors, inutile de revenir ici sur un sujet qui paraît épuisé et nous passons tout de suite à ce qui, dans l'article de M. v. Müller, est nouveau, personnel, ses attaques, de caractère en quelque sorte général, contre le Traité de Versailles.

Elles sont multiples. L'auteur les développe d'ailleurs avec plus de fougue que de méthode. Dans cette accumulation d'affirmations tranchantes qui chevauchent souvent l'une sur l'autre, de véhémentes récriminations, de redites, nous croyons pourtant distinguer cinq ordres de faits.

M. v. Müller accuse le Traité de Versailles :

1° D'élever une « barrière durable » (dauernde Schranke) qui empêche la reconstitution d'un empire allemand, tel que Bismarck l'avait créé;

2° De tendre à la « destruction systématique des trois facteurs sur lesquels reposait, avant la guerre, l'économie allemande »;

3° D'être intervenu dans des conditions déshonorantes pour les plénipotentiaires allemands « enfermés a Versailles dans une cage (Käfig) presque comme des bêtes féroces »;

4° D'avoir mis en accusation l'Empereur allemand et exigé la remise des Allemands accusés par l'Entente d'actes contraires aux lois de la guerre;

5° De constituer, par la dureté de ses clauses, un acte unique (einzigartig) dans toute l'histoire moderne, d'être contraire d'ailleurs aux conditions dans lesquelles l'Allemagne avait conclu l'armistice, enfin de représenter non un accord librement conclu, mais une sorte de sentence, supposant l'Allemagne seule responsable de la guerre alors que cette idée de culpabilité unique de l'Allemagne est un « mensonge ».

I.

Sur le premier de ces points, nous nous trouvons, une fois n'est pas coutume, d'accord avec les *Süd.-Monatshefte*. Nous considérons, comme fait cette revue, que les Plénipotentiaires de Versailles ont cherché en effet à empêcher le rétablissement de cet Empire allemand, État tout militarisé, inquiétante machine de guerre, que Bismarck avait, ainsi qu'il disait lui-même, créé *ferro et igne,* par une suite de violences perpétrées en 1864, 1866 et 1870, suivant les traditions de Frédéric II. Mais quel but final poursuivaient les alliés en limitant les forces armées de l'Allemagne à un effectif que M. v. Müller déclare disproportionné, en instituant, pour ténir la main à l'observation de leurs prescriptions, ces commissions de contrôle dont il déplore que le Reich doive tolérer (dulden) les investigations — sans ajouter que les officiers qui les composent sont reçus, bien souvent, à coups de pierres, voire à coups de revolver? Le Traité de Versailles lui-même répond à cette question. Il dit expressément, dans le préambule de la partie V, que les clauses militaires, navales et aériennes imposées à l'Allemagne le sont « en vue de rendre possible la préparation d'une limitation générale des armements de toutes les nations ».

Ces termes ne laissent place à aucune équivoque. Il s'agit — mais il s'agit seulement — de mettre fin au cauchemar de la paix armée qui, depuis Dybböl, Sadowa et Sedan, pèse sur le monde. Pour atteindre ce résultat, qu'appellent de leurs vœux tous les hommes de bonne volonté et qui est la condition primordiale de la restauration de l'Europe, il fallait, avant tout, supprimer l'organisme même dont l'avènement avait provoqué tous ces armements sous le poids desquels ploient les nations de l'Europe, l'Empire allemand de Bismarck. L'*Empire* non l'*Allemagne.* Celle-ci n'est nullement solidaire de celui-là et rien, dans les stipulations du Traité de Versailles, n'empêche l'Allemagne de conquérir dans le monde, sans être une menace pour ses voisins, sans compromettre la paix, la très grande place à laquelle lui donnent légitimement droit de prétendre les qualités d'intelligence, d'application, de travail de ses habitants, comme la richesse de son sol.

II.

M. v. Müller affirme cependant, dans trois passages de son article (p. 355, 356 et 357), que le Traité de Versailles a « pour but manifeste la destruction des forces politiques et économiques de l'Allemagne »; que « qui lit les dispositions du Traité de Versailles dans leur ensemble ne peut douter qu'elles ne visent à la destruction systématique de tous les facteurs sur lesquels reposait avant la guerre l'économie allemande »; enfin, que « les réparations en nature, dans leur détail comme dans leur ensemble, montrent, d'une façon effrayante (erschreckend) le système le plus raffiné de paralysation de l'économie allemande ».

Nous ne nous attarderons pas à cette dernière observation. Ce que nous avons exposé antérieurement au sujet des réparations en nature témoigne suffisamment que ces prestations ne visent nullement, comme prétend M. v. Müller, à paralyser l'économie allemande, mais qu'elles ont au contraire pour but essentiel de compenser — partiellement — les dommages infligés à notre propre économie, pendant la guerre, par les Allemands. Quant à l'affirmation de M. v. Müller que le Traité de Versailles a « pour but manifeste la destruction des forces politiques et économiques de l'Allemagne », c'est une assertion adventice que l'auteur a glissée dans son texte, un peu au hasard de la plume, sans l'appuyer sur rien. Nous ne nous y arrêterons donc pas davantage. Il nous faut, par contre, examiner l'argumentation sur laquelle M. v. Müller se fonde pour soutenir que les dispositions du Traité de Versailles ont comme objet de détruire « tous les facteurs sur lesquels reposait, avant la guerre, l'économie allemande ».

Voici sa thèse :

« L'économie allemande, avant la guerre, reposait sur trois facteurs principaux, l'industrie, l'agriculture, le commerce d'outre-mer, lesquels étaient tous liés par le système allemand de circulation et des douanes ».

En ce qui concerne l'industrie et l'agriculture, M. v. Müller expose que les cessions territoriales imposées à l'Allemagne par le Traité de Versailles lui ont enlevé 16 p. 100 de ses champs de blé, 18 p. 100 des surfaces plantées en pommes de terre, 20 p. 100 de sa production de betteraves à sucre, 26 p. 100 de sa potasse, 41 p. 100 de son plomb, 68 p. 100 de son zinc, les trois quarts de son minerai de fer et presque le tiers de sa houille. Dans ces conditions, aucune agriculture, aucune industrie ne sont possibles.

Il y aurait des réserves à faire sur ces chiffres. Plusieurs semblent exagérés. Le dernier est inexact. La privation des mines de la Sarre et la perte de la partie de la Haute-Silésie devenue polonaise n'ont pas enlevé à l'Allemagne « presque un tiers » de sa production de houille, mais sensiblement moins que le quart.

Ces chiffres, d'ailleurs, quels qu'ils soient, sont sans signification aucune en l'espèce. Qu'importe ce que produisent les champs de blé ou de betteraves, les mines de plomb, de zinc, de houille et de fer que M. v. Müller énumère. La question, ici, n'est pas de savoir quel rôle ils jouaient dans l'économie de l'Allemagne, mais si l'Allemagne les détenait légitimement. Or, à ce sujet, aucun doute n'est possible. Nous avons démontré plus haut, en examinant l'article de M. Endres, que le Traité de Versailles n'avait enlevé à l'Allemagne que des territoires dont elle s'était emparée par la violence, où elle ne se maintenait que par la force, contre la volonté des populations. Les lui reprendre, comme a fait le Traité de Versailles, ce n'était pas tendre à la « destruction systématique de l'économie allemande », mais bien accomplir un acte de justice. Le droit des peuples à décider de leur sort, la réparation des coups de force, sont choses plus essentielles, n'en déplaise à M. von Müller, que l'importance de la production en betteraves ou en zinc des territoires victimes de rapt, et il semble assez indifférent que l'ancienne Allemagne tirât les trois quarts de sa minette de la Lorraine désannexée du moment que cette Lorraine était une vieille terre française, dont les habitants ne cessaient de protester contre la violence dont ils avaient été victimes en 1871.

Les arguments développés par M. von Müller au sujet du commerce allemand d'outre-mer ne sont pas plus probants. L'auteur indique que ce commerce reposait sur la marine marchande, sur les colonies et sur les capitaux investis à l'étranger. Or, les navires qui composaient la marine marchande ont été livrés à l'Entente, les colonies cédées, les capitaux expropriés.

Cela est vrai, mais ces capitaux, nous avons montré antérieurement, page 42, qu'ils devaient être employés, en premier lieu, à rembourser des dettes privées dont le payement incombait à des négociants, hommes d'affaires ou capitalistes allemands. Il n'y a donc pas, en l'espèce, perte, mais seulement déplacement de valeurs. Si la marine marchande a dû être livrée, c'était, nous l'avons vu, pour remplacer — très partiellement — les pertes causées aux marines alliées par la guerre sous-marine menée, on sait dans quelles conditions épouvantables, par l'Allemagne. Celle-ci n'a à s'en prendre qu'à elle-même des conséquences de ses forfaits. Quant aux colonies, il s'en faut qu'elles jouassent dans l'économie allemande le rôle important que M. von Müller leur attribue. La statistique suivante, empruntée à une publication allemande (1), montre combien était faible, proportionnellement, la part de ses possessions d'outre-mer dans le mouvement des échanges de l'Allemagne :

Importations totales de l'Allemagne en 1912........ 10,691,400,000 marks.
dont en provenance des colonies allemandes..........   52,900,000 —
Exportations totales de l'Allemagne en 1912.........   8,956,800.000 —
dont à destination des colonies allemandes...........   57,300,000 —

Les échanges de l'Allemagne avec ses possessions d'outre-mer ne représentaient donc pas même 1 p. 100 du total de son commerce extérieur. Ce n'est pas d'un trafic aussi insignifiant qu'on puisse dire qu'il est essentiel à l'économie d'un pays.

L'argumentation de M. von Müller repose donc sur des sophismes. Ses conclusions ne sont pas plus justes et il semble superflu de souligner combien sonnent faux ses lamentations sur le martyre du peuple allemand à qui « comme par cent artères ouvertes on retire, sans scrupule, sans pitié, toute sa substance vitale : bétail, charbon, engrais, or », ainsi que sur les « conséquences épouvantables » (*schreckliche*) du Traité de Versailles » détresse au point de vue de l'alimentation, du chauffage, du vêtement, de l'habitation ; mort des pauvres, des vieillards, des malades, des enfants ».

La phrase, en allemand, est d'une envolée superbe. Elle fait trop honneur au lyrisme de M. von Müller pour que nous hésitions à la reproduire textuellement. « *Nahrungsnot, Heiznot, Kleidungsnot, Wohnungsnot; Armentod, Greisentod, Krankentod, Kindertod.* » Mais toute cette rhétorique a un défaut : elle ne correspond pas à la réalité, elle est en désaccord complet avec les observations que tous les voyageurs rapportent d'Allemagne.

Les journalistes, notamment, qui sont allés récemment dans le Reich y ont

---

(1) *Almanach de Gotha*, 1914, p. 337.

constaté une intense activité économique. Ils ne pouvaient faire le moindre trajet sans apercevoir un chantier où s'agitait tout un peuple d'ouvriers au travail. Pour ne citer qu'un exemple, voici quels étaient, en mars 1923, dans un seul district, celui de Duisburg, les grands travaux en cours d'exécution :

Canal régulateur de la Ruhr ;
Énorme gare de triage, à Beek ;
Extension de la gare de triage de Frintorp ;
Construction, à Beeckerwerk, d'une cité ouvrière de dimensions exceptionnelles ;
Achèvement, à Gutehoffnungshütte, d'une fabrique de ciment couvrant plusieurs hectares.

Ces travaux, les entreprises analogues qui se poursuivent en maints autres endroits, montrent que, au lieu de les employer, comme les traités et la justice l'y obligeaient, à restaurer, en France, en Belgique, les moyens de production, les conditions de bien-être que l'invasion a détruits dans ces pays, l'Allemagne consacre ses disponibilités, considérables, à développer ses propres moyens de production, à accroître ses propres conditions de bien-être. Dira-t-on que les témoignages que nous venons de mentionner touchant l'activité économique du Reich sont suspects ? En voici un que M. von Müller ne peut écarter. Il émane des quatre représentants du labour party écossais, MM. John Wheatley, James Maxton, Davie Kirkwood et Campbell, qui sont allés récemment en mission dans la Ruhr. Voici comment ils s'expriment, textuellement, dans leur rapport.

« Nous n'avons pas trouvé des maisons d'habitation tombant sur les oreilles des habitants, comme c'est le cas dans notre district de l'ouest de l'Écosse. Nous n'avons pas vu des queues de sans-travail aux offices de chômage. Ni haillons, ni autres signes extérieurs de pauvreté ne se sont imposés à notre attention. La neige couvrait le sol et on pouvait voir partout des enfants confortablement vêtus allant en traîneau et faisant des bonshommes de neige avec la vivacité caractéristique de leur âge. Il apparaît qu'il y a ici un plus haut degré de confort que chez nous. Une famille, dans l'ouest de l'Écosse, n'a en moyenne qu'une pièce ou deux, tandis que, dans le Reich, la moyenne est au moins le double. Le spectacle que nous avons eu d'un plan d'habitations en cours d'exécution nous a convaincus que, même pendant les exceptionnelles difficultés actuelles, on ne songe pas à réduire les conditions d'habitation des ouvriers au niveau de ce qu'elles sont à Glasgow. « Plus loin, cette remarque : « Dans les ateliers Krupp,... le nombre des ouvriers employés est supérieur de 12,000 à ce qu'il était avant la guerre. »

On excusera la longueur de cette citation. Elle répond point pour point aux assertions fantaisistes de M. von Müller sur la « détresse » de l'Allemagne en alimentation, en chauffage, en vêtements, en habitation. Encore les travaillistes écossais n'ont-ils comparé la partie du Reich qu'ils visitaient qu'avec des districts britanniques relativement riches, que la guerre n'avait pas effleurés. Qu'eussent-ils pensé, qu'auraient-ils dit s'ils avaient rapproché cette Ruhr, où la vie leur est apparue si large, non de la région de Glasgow mais de nos régions dévastées dont les habitants, depuis des années, logent dans des huttes ou dans des baraques en planches parce que les Allemands ont employé à augmenter leur propre confort les ressources qui devaient réparer les désastres causés en France par leurs armées ! M. von Müller, dans son article, n'a pas craint de dire que le Traité de Versailles avait laissé derrière lui, dans le Reich, un « champ de ruines » (*Trümmerfeld*). Certes, il y a en Europe un champ de ruines, mais il n'est pas où M. von Müller le prétend. Il n'est pas dans cette Allemagne que les travaillistes écossais nous dépeignent si prospère. Il est dans ces régions françaises dévastées qu'un journaliste, dont les *Süd. Monatshefte* ne sauraient récuser le témoignage, M. G. Querri, dépeignait ainsi, dans le *Berliner Tageblatt* du 20 mars 1917 : « Dans la zone évacuée, tout a été détruit ; plus un arbre, pas même un arbuste, il n'y a plus ni maison ni cabane. »

III.

M. von Müller se borne à souligner d'un mot la situation, à Versailles, des plénipotentiaires allemands, « enfermés dans une cage, presque comme des bêtes féroces ». Ce laconisme ne doit pas donner le change. Le sujet est de ceux que les *Süd. Monatshefte* paraissent avoir le plus à cœur. Si M. von Müller a été aussi bref, c'est que la question avait fait, déjà, dans le fascicule où il écrivait, l'objet de deux articles spéciaux ; « Souvenirs de Versailles » (p. 322-328) et « La captivité des négociateurs de paix allemands en France » (p. 328-330), dus l'un et l'autre, d'ailleurs, à des auteurs de marque : M. von Meinel, ancien ministre du commerce de Bavière, et le baron von Lersner, qui fut le président de la délégation du Reich à Versailles.

A voir ce luxe de rédacteurs et de rédaction, on pourrait croire que les *Süd. Monatshefte* avaient à produire, sur ce sujet, des faits importants, des critiques, des reproches, des griefs graves. En réalité, ce ne sont que des détails dont très peu semblent valoir d'être rapportés. Nous les relèverons, cependant, fidèles à notre principe de ne rien laisser sans réponse, et nous examinerons, en même temps, les commentaires dont les collaborateurs de la revue les ont accompagnés.

M. von Meinel se plaint de n'avoir pas été, lors des conférences préliminaires de Luxembourg, présenté aux plénipotentiaires français. Il se plaint aussi que, lors de l'arrivée, à Versailles, de la délégation allemande, aucun homme de peine ne se trouvât à l'hôtel pour décharger les bagages.

Faisons nos excuses à M. von Meinel et passons. Si la France n'avait pas d'autres faits à reprocher à l'Allemagne !

M. von Meinel rapporte, également, que « suivant toutes probabilités » (mais il ne produit pas même un commencement de preuve) les entretiens de la délégation allemande étaient écoutés au moyen de microphones. Pour y parer, la délégation faisait, afin de couvrir les voix, jouer, pendant ses échanges de vues, deux gramophones. L'auteur a-t-il cru, par ces détails, auxquels il consacre tout un passage de son article, exciter l'indignation du lecteur ? Il se pourrait qu'il eût provoqué simplement le rire en s'attachant à d'aussi ridicules à-côtés. D'autant que, s'il soupçonnait vraiment le service des renseignements français d'épier ses conversations au moyen de microphones, rien n'aurait été plus simple, au lieu de recourir aux tintamares d'un Pathé ou d'un Victor, que de faire venir de Berlin un électricien qui eût vérifié plancher, plafond et murailles.

Nous en venons à des griefs moins puérils, sinon plus sérieux. M. von Meinel et, après lui, M. von Lersner, se plaignent des conditions de leur installation à l'hôtel des Réservoirs. C'est le meilleur de Versailles, Trianon Palace réservé, d'ailleurs, pour la réunion des conférences, se trouvant en dehors de la ville. Mais MM. von Meinel et von Lersner protestent contre la rigueur des mesures de précaution dont ils étaient entourés, contre l'exiguïté de l'espace primitivement réservé, dans le parc de Versailles, pour leurs promenades.

Qu'il y ait eu, au début, excès de zèle de la part de la police, responsable de la sécurité des représentants d'un pays qui venait de soulever l'indignation de l'univers par la façon dont il avait violé toutes les lois de la guerre, la chose est possible. Mais, en admettant même que la crainte d'incidents, si les délégués allemands venaient en contact avec la foule, ait conduit la police à exagérer les précautions, le fait n'était que trop explicable et il n'y avait là rien qui justifiât les plaintes de MM. von Meinel et von Lersner. Celui-ci soulève, à ce propos, un véritable incident, auquel il consacre la moitié de son article. Après avoir décrit, minutieusement, les précautions prises pour isoler de la foule la délégation, ainsi que l'emplacement réservé aux promenades des Allemands, M. von Lersner prend à partie le « Préfet de police » M. Houdaille. Il rapporte, tout au long, la façon dont il le tança et l'heureux résultat de ses vigoureuses admonestations (*Scharfe Worte*) auxquelles — suivant lui — la délégation dut de se voir ouvrir toute une partie du parc de Versailles.

Rectifions, tout de suite, un point de détail. M. Houdaille n'était pas « Préfet de police ». C'est un inspecteur, homme, au surplus, particulièrement courtois et aimable, à qui ces qualités ont valu d'être généralement désigné pour veiller sur la sécurité des chefs d'État qui voyagent en France. L'année dernière encore, il a été attaché dans ces conditions à la personne du roi d'Espagne. Alphonse XIII, qui descend de saint Louis et de Louis XIV, paraît s'être loué de ses services. M. von Lersner, dont la noblesse est probablement plus récente (son nom, jusqu'aux premières années du présent siècle, ne figurait pas parmi les familles baronniales dont la liste est donnée, très complète, par le *Gothaisches genealogisches Taschenbuch der Freiherrlichen Häuser*). M. von Lersner semble ne pas l'avoir trouvé suffisamment déférent. En tout cas, M. Houdaille lui a finalement donné satisfaction dans cette question de l'extension de la zone des promenades et on nous permettra de penser, nonobstant la narration des *Süd. Monatshefte*, que ce résultat est dû plus à l'obligeance coutumière de M. Houdaille qu'aux scènes de M. von Lersner dont la presse allemande elle-même a signalé à l'époque, en la critiquant, l'attitude cassante pendant son séjour à Versailles.

Ayant été, dans les lignes qui précèdent, amenés à envisager l'attitude du public français à l'égard des plénipotentiaires allemands, nous croyons devoir signaler une équivoque que M. von Meinel tente de créer à cette occasion. Après s'être plaint que la foule huât, parfois même insultât, les membres de la délégation qu'elle apercevait, l'auteur remarque que, si les robes noires qu'il voyait à Versailles témoignaient du nombre des deuils causés en France par la guerre, il n'y avait rien là qui pût justifier les sentiments de rancœur qui se lisaient dans les yeux des passants. A Berlin, les mères pleurant leurs fils n'étaient pas moins nombreuses.

L'observation porte à faux. On sait, en France, que la guerre ne va pas sans de cruels sacrifices auxquels tout peuple résolu à sauvegarder sa liberté doit se résigner par avance. L'indignation que M. von Meinel constatait à Versailles n'était pas éveillée par le souvenir de nos 1,500,000 jeunes hommes tués dans les batailles, comme l'avaient été les Allemands tombés sous nos balles et sous nos obus. Ce qui soulevait la foule, c'était le souvenir des malheureuses victimes de l'atroce guerre sous-marine, des blessés massacrés après la fin de la lutte sur le mot d'ordre de chefs comme le général Stenger « pas de quartier », des jeunes filles — quelques-unes n'avaient pas quinze ans — de Lille, de Tourcoing, de Roubaix, arrachées à leurs familles, transportées au loin dans une effroyable promiscuité, astreintes, pendant de longs mois, aux travaux les plus durs, sans défense contre les exigences de toutes sortes de leurs gardiens. C'était, enfin, le souvenir des femmes, des vieillards, des enfants, fusillés sans pitié, sans motif (1) à Gerbéviller, à Sénones, à Noményà, à Longuyon, à Audun-le-Roman, à Dinant, à Tamine, à Andenne.

---

(1). Dans certains cas les Allemands ont essayé de faire valoir qu'ils avaient été attaqués par des francs-tireurs. Le fait était faux. Eût-il été vrai, ce n'aurait pas été une excuse, la Conférence de La Haye ayant, à la demande même de l'Allemagne, décidé qu'une population dont le territoire est envahi, a le droit de prendre les armes pour combattre l'ennemi.

M. von Meinel, s'il consentait à réfléchir tant soit peu, reconnaîtrait sûrement qu'il y avait là pleinement de quoi expliquer l'attitude du public. Nous disons « expliquer » nous ne disons pas, certes, justifier; car, quels que fussent ses griefs, les huées, les sifflets auxquels il semble s'être parfois laissé aller étaient, nous le reconnaissons, une fâcheuse manière d'exprimer les sentiments, par ailleurs on ne peut plus légitimes, on ne peut mieux justifiés, qui l'animaient. On doit donc blâmer ces manifestations intempestives. Mais elles ne paraissent jamais avoir revêtu le caractère que les *Süd. Monatshefte* cherchent à leur attribuer. L'incident même qui marqua le départ de la délégation allemande et que MM. von Meinel et von Lersner amplifient d'ailleurs à plaisir, prouve, à tout le moins, l'utilité des mesures de précautions adoptées, au début, par M. Houdaille puisqu'un fait regrettable se produisit quand on les eut rapportées. Et M. von Lersner a été peut-être mal inspiré d'en prendre texte pour adresser à la France l'apostrophe par laquelle il clôt un de ses paragraphes. « Indigne a été le traitement à nous réservé par le Gouvernement français, indigne celui de Versailles, indigne celui de la France, de l'Entente. Les nègres honorent les envoyés de paix de leurs ennemis ».

Ainsi, M. von Lersner met, pour la courtoisie internationale, la France au-dessous des nègres. Nous sommes embarrassés pour lui répondre, ignorant quels sont au juste, en la matière, les usages au centre de l'Afrique. Mais si nous nous trouvons par suite empêchés de comparer, à celui des noirs, l'accueil réservé, à Versailles, aux compagnons de M. von Lersner, nous pouvons faire le rapprochement avec les procédés des Allemands. A Versailles, durant un séjour de plusieurs semaines, la délégation du Reich s'est vue, une seule fois, jeter quelques pierres, dont une, une seule, a atteint son but et contusionné une dactylographe. Sans doute est-ce trop. Mais, à Berlin, on a fait beaucoup plus encore. Le 4 août 1914, deux heures à peine après que l'Ambassadeur britannique eut notifié qu'il demanderait ses passeports si l'Allemagne violait l'engagement solennel qu'elle avait pris de respecter la neutralité de la Belgique, une foule furieuse se porta devant l'ambassade, déborda la petite force de police qui s'y trouvait et cribla la façade de tant de pierres que presque toutes les vitres furent brisées. Si, pour un rappel à l'observation des traités, la foule allemande peut se laisser aller à de tels excès, que ne serait-il pas permis aux foules françaises après le torpillage du *Lusitania*, l'incendie de Louvain, les massacres de Dinant et de Gerbéviller ? Une dépêche de Sir E. Goschen (Miscellaneous n° 8 [1914]), nous apprend d'ailleurs que son collègue nord américain, M. Gérard, fut lui-même accueilli souvent par les huées et les sifflets de la foule, lors des visites qu'il lui rendit avant son départ. Et si M. von Lersner, si M. von Meinel trouvent insuffisamment déférente l'attitude, à leur égard, des autorités françaises, qu'ils relisent, avant de protester, la dépêche par laquelle notre ambassadeur a rendu compte des conditions dans lesquelles il dut quitter Berlin (Documents diplomatiques, 1914, I, p. 152).

Pendant que M. de Schœn regagnait l'Allemagne par la voie rapide qu'il avait choisie et dans un luxueux wagon-salon qu'il ne devait abandonner qu'à l'arrivée, M. J. Cambon, lui, se voyait refuser successivement la faculté de passer par la Hollande, comme devaient faire les Représentants belge et britannique, puis par la Suisse. On voulut l'obliger à prendre le chemin de Vienne, la capitale d'un pays belligérant. Finalement, on lui notifia au dernier moment qu'il serait dirigé sur le Danemark. Le train mit, pour gagner la frontière, plus de vingt-quatre heures durant lesquelles aucune facilité ne lui fut donnée, pas plus qu'à sa suite, pour se procurer des aliments. Aux environs du canal de Kiel, la troupe envahit son wagon et ceux des personnes qui l'accompagnaient. On fit fermer les fenêtres et les rideaux des voitures. Chacun dut se tenir isolément dans son compartiment avec défense de bouger. Dans le couloir, devant chaque porte, maintenue ouverte, se tenait un soldat, révolver au point, le doigt sur la gâchette. Enfin, à la dernière station allemande, un peu avant minuit, on fit connaître à M. J. Cambon que le train n'irait pas plus loin et que l'ambassadeur et sa suite devraient gagner la frontière danoise à pied s'ils ne payaient pas le prix du train. Quoique cette exigence fût contraire à tous les usages et que personne n'en eût été avisé, M. J. Cambon dut s'incliner. Mais on refusa son chèque et il lui fallut, pour obtenir d'être enfin conduit en Danemark, réunir et verser près de 4,000 marks en or.

Au point de vue de la courtoisie internationale, la France reste peut-être, comme dit M. von Lersner, au-dessous des nègres. Mais nous sommes certainement très supérieurs aux Allemands.

IV.

Les stipulations du Traité de Versailles relatives aux coupables de guerre sont prises à partie dans plusieurs passages du fascicule consacré à cet acte par les *Süd. Monatshefte*. Dès le préambule (p. 318), la revue reproche au Gouvernement allemand de n'avoir jamais protesté, que « tout ce qui avait été dit... sur les mauvais traitements infligés aux prisonniers, sur les atrocités de guerre, sur les destructions faites de gaîté de cœur était le contraire de la vérité ». Elle lui reproche d'avoir, « pour garder la Ruhr », accepté, le 11 mai 1921, de faire juger en Allemagne ses ressortissants accusés par l'Entente; d'avoir, enfin, « fait le silence sur la contre-liste allemande qui dépassait mille et mille fois (um so viel tausendfach übersteigend) celles de l'Entente et, en outre, était exacte », dans la pensée que, « s'il taisait les épouvantables crimes de guerre commis contre les Allemands, il conserverait la Haute-Silésie ».

M. von Meinel, dans ses « Souvenirs de Versailles » fait de son côté (p. 328), allusion à la question. M. von Müller y revient lui aussi dans son article, se plaignant (p. 356) que le Traité de Versailles ait mis l'ex-Empereur allemand en accusation publique pour offense suprême contre la morale internationale et l'autorité sacrée des traités, qu'il ait obligé le peuple allemand à livrer tous les allemands inculpés par l'Entente.

On peut apprécier différemment les stipulations ainsi critiquées par les *Süd. Monatshefte*. Si l'Allemagne les avait exécutées loyalement, si elle avait prêté elle-même les mains au jugement et à la punition des hommes qui l'avaient déshonorée, il eût été difficile, en tout cas, de ne pas voir là une preuve qu'elle entendait rompre avec le passé de violence que lui avaient fait les Hohenzollern. Les solutions que l'avenir réserve sans doute en auraient été singulièrement facilitées. L'Allemagne a préféré suivre une autre voie. Au lieu de les renier, elle s'est solidarisée avec ces criminels. Après avoir refusé de les livrer, comme le traité l'y obligeait, elle s'est engagée à les traduire devant ses tribunaux. Mais les procédures n'ont abouti qu'à des condamnations ridicules ou à des acquittements scandaleux. La question reste donc entière. Nous avouons n'avoir rien trouvé dans les *Süd. Monatshefte* qui pût contribuer à la régler.

Le rapprochement essayé, comme nous venons de voir, dans le préambule, avec la question de la Ruhr et celle de la Haute-Silésie ne répond à rien. Il ne saurait, de toute évidence, y avoir aucun rapport entre le jugement des coupables de guerre et l'occupation d'Essen, ou l'attribution de la régence d'Oppeln. La protestation de M. von Müller contre la mise en accusation de l'ex-empereur allemand se réduit à une formule. L'auteur se borne à reproduire, en le mettant entre guillemets, sans doute par ironie, le passage du Traité de Versailles concernant Guillaume II. Il eût été embarrassé pour en contester la justesse des termes. Par l'article 5 du Traité de Londres du 26 juin 1831, les cinq grandes Puissances, dont la Prusse, avaient solennellement garanti la neutralité perpétuelle de la Belgique ainsi que l'intégrité et l'inviolabilité de son territoire. Le 2 août 1914, pour des commodités militaires, l'Empereur allemand, roi de Prusse, violait cette neutralité se contentant, en manière d'excuse, à faire dire par son chancelier, à l'Ambassadeur d'Angleterre, que le Traité de Londres était un « scrap of paper », au Reichstag, que « nécessité n'a pas de loi ». Le Traité de Versailles est-il mal fondé à voir là une « offense suprême contre la morale internationale et l'autorité sacrée des traités »?

Quant à l'assertion des *Süd. Monatshefte* que « tout ce qui a été dit... sur les mauvais traitements aux prisonniers, sur les atrocités de guerre, sur les destructions faites de gaîté de cœur était le contraire de la vérité », il nous suffira de rappeler que la « liste des personnes désignées par les Puissances alliées pour être livrées par l'Allemagne en exécution des articles 228 à 230 du Traité de Versailles et du Protocole du 28 juin 1919 » contient près de 200 pages grand in-4° toutes pleines de faits abominables dont la réalité est attestée par des preuves irrécusables. Dans bien des cas, d'ailleurs, l'Entente n'a pas même eu à procéder à une enquête. Les coupables, loin de chercher à les cacher, se sont vantés, souvent, de leurs forfaits.

L'exemple leur venait de loin et de haut. Quatorze ans déjà avant la guerre, haranguant à Bremerhafen, le 27 juillet 1900, les troupes qui allaient combattre les Boxeurs, Guillaume II s'était écrié : « On n'accordera pas de quartier, on ne fera pas de prisonniers. De même que les Huns, il y a mille ans, se sont fait un nom sous leur roi Attila, de même le nom des Allemands doit s'imposer pour mille ans en Chine ».

Un pareil précédent ne devait pas être perdu de vue en 1914. Le 30 août, le général von Klück déclare à M. Fabre, président de chambre à la Cour d'appel de Paris, chez qui il logeait à Lassigny : « Nous voulons anéantir la France. Dans trois jours nous serons à Paris. Nous nous en emparerons, nous enlèverons toutes ses richesses artistiques et commerciales, nous le pillerons, nous le dévasterons. Il n'en restera que des cendres et des ruines (1). Et quelques semaines plus tard, au cours d'une interview reproduite dans le *Berliner Tageblatt* du 22 novembre 1914, le général von Hindenburg déclarait : « On ne peut faire la guerre avec de la sentimentalité. Plus la conduite de la guerre est impitoyable, plus elle est humaine en réalité car elle amène plus vite le terme de la guerre » (2).

Avec de pareils principes chez les chefs, il n'est pas pour surprendre que les subordonnés se soient laissés aller aux pires excès. Nous n'essayerons pas d'en donner, ici, même un aperçu. Ils sont trop nombreux et ce serait allonger démesurément la présente note que d'y résumer, pour succinctement que ce soit, les 200 pages de la liste de l'Entente. Mais, puisque les *Süd. Monatshefte* prétendent que les accusations réunies dans ce document sont « le contraire de la vérité » nous les engagerons à méditer l'affiche suivante, signée par un officier dont il leur sera difficile de contester le témoignage, et qui a été placardée à Liége le 22 août 1914. « C'est avec mon consentement que le général en chef (*sic*) a fait brûler toute la localité (3) et que cent personnes environ ont été fusillées.

« Le Commandant de la IIᵉ Armée. *Signé* : Von Bulow ».

____

(1) Liste des personnes désignées par les Puissances alliées, p. 89.

(2) Liste des personnes désignées par les Puissances alliées, p. 106.

(3) Il s'agit d'Andenne. Le général von Bulow, pour excuser les atrocités dont cette localité a été le théâtre, a prétendu que les habitants avaient attaqué traîtreusement ses troupes. L'accusation est complètement fausse. Un peu avant l'arrivée des Allemands, la municipalité avait pris la précaution d'en lever toutes les armes et, en fait, il n'y a eu, ni à Andenne ni dans les environs, aucun acte hostile de

Avons-nous besoin maintenant de réfuter l'assertion des *Süd. Monatshefte* que la contre-liste allemande « dépasse mille et mille fois les listes de l'Entente ». Cette contre-liste n'est nullement secrète. Elle a été publiée par la *Deutsche Zeitung*. Tout le monde a donc pu voir que les accusations qui y étaient portées visaient uniquement des mauvais traitements dont certains prisonniers de guerre allemands auraient été l'objet de la part des autorités alliées chargées de leur garde. Dans plusieurs espèces, d'ailleurs, il y a erreur manifeste. Nombre d'autres accusations sont si imprécises que toute identification, toute vérification en est rendue, peut-être intentionnellement, impossible. Et il ne s'y trouve rien, bien entendu, qui ressemble, même de loin, au torpillage du *Lusitania*, ni à l'acte du sous-marin *U 86* qui, après avoir coulé, sans avertissement, le *Llandovery Castle*, un navire-hôpital, détruisait à coups de canon les canots sur lesquels on cherchait à sauver les blessés et les malades; ni aux déportations des jeunes filles de Lille, de Roubaix et de Tourcoing, ni à l'incendie de Louvain; ni aux massacres de Dinant, de Gerbéviller et de tant d'autres villes; ni à la proclamation que nous venons de reproduire du général von Bülow se vantant que ce fût par son ordre que les troupes allemandes eussent incendié et assassiné.

On ne saurait, dans ces conditions, s'étonner de la réserve observée par le Gouvernement du Reich dans la question de la contre-liste allemande.

V.

Avant d'en venir au dernier des ordres de faits envisagés par M. von Müller et par les autres collaborateurs des *Süd. Monatshefte*, nous devons élucider deux questions préjudicielles. A plusieurs reprises, la revue fait allusion à la modération des conditions de paix que le Reich victorieux aurait accordées à la France, et elle oppose, d'autre part, la dureté dont les Alliés auraient, suivant elle, fait montre, à Versailles, envers l'Allemagne, à la générosité que celle-ci aurait, en 1871, témoignée à la France vaincue. Dans les « Souvenirs de Versailles », notamment, M. von Meinel écrit (p. 324) que, en 1871, « le premier souci de l'Allemand victorieux avait été d'alléger, par tous les moyens, la pression de la guerre. Par exemple, en opposition avec la menace de la prolongation du blocus de la faim, suspendu sur nous, les Allemands, en face de leurs troupes assiégeant Paris, mal nourries, mourant même de faim, avaient préparé des trains chargés de vivres pour les employer immédiatement au ravitaillement de la ville dès qu'elle aurait été prise ».

Procédés de la Prusse en 1871. — Il est difficile de dénaturer plus délibérément l'histoire. Puisque M. von Meinel parle de Paris, rappelons que la Prusse, en 1870-1871, refusa de laisser sortir de la ville, comme le Gouvernement français l'avait demandé, les femmes, les enfants, les vieillards. Quand la faim eut obligé la ville de se rendre, le vainqueur posa comme condition de l'armistice qui devait permettre le ravitaillement de la population, le payement d'une indemnité de guerre de 200 millions de francs. C'était une somme énorme pour l'époque, dix fois supérieure au

---

la part de la population civile. Quand bien même, d'ailleurs, celle-ci se serait levée contre l'envahisseur, elle aurait été couverte par la clause de la Convention de La Haye que nous avons rappelée plus haut. Ce n'eût pas été une excuse pour la destruction totale d'une ville de 8,000 habitants; pour le meurtre de plus de 100 habitants, vieillards, femmes, enfants (plusieurs n'avaient pas quinze ans; l'un, le jeune Warzée, était âgé de six mois). Mais, en réalité, il n'y a eu aucune agression, d'aucune sorte. Il est donc impossible aux Allemands d'épiloguer.

chiffre de l'indemnité de guerre totale que la Prusse avait, en 1866, moins de cinq ans avant, imposé à tout le Wurtemberg. Et les conditions de payement rendaient cette exigence plus lourde encore. Cinquante millions devaient être versés en numéraire, trente-sept en lettres de change sur Berlin, soixante-huit en lettres de change sur Londres, à six et quinze jours. Le surplus seul, cinquante millions, pouvait être acquitté en billets de la Banque de France. Faute de quoi, la population parisienne qui, depuis longtemps, n'avait plus, par jour, que 300 grammes d'un pain infect et 30 grammes de viande de cheval, était condamnée à mourir d'inanition en face des troupes allemandes assiégeant Paris, lesquelles, contrairement à ce que prétend M. von Meinel, étaient admirablement ravitaillées et nourries, grâce aux réquisitions. Ajoutons que, d'autre part, contrairement aussi à ce que prétend M. von Meinel, si les Alliés ont, pendant les négociations de paix, maintenu en principe le blocus de l'Allemagne, blocus qui n'était au surplus que partiel, ils ont expressément déclaré, par l'article XXVI de l'armistice, qu'ils « consentaient le ravitaillement de l'Allemagne pendant l'armistice dans la mesure reconnue nécessaire ». Et pour faciliter ce ravitaillement, l'article 251 du Traité de Versailles accorda une priorité aux payements nécessaires à cet effet.

Les *Sud. Monatshefte* ne travestissent pas moins gravement la vérité quand ils insinuent que l'Allemagne, si elle eût été victorieuse en 1918, nous aurait accordé des conditions dont la modération aurait fait contraste avec les clauses du Traité de Versailles. Sans doute les discussions sur ce point se heurtent-elles à une difficulté. Le Gouvernement allemand n'a jamais consenti à faire connaître ses conditions de paix. Il n'est cependant pas difficile, malgré ce silence, d'établir de façon péremptoire que l'Allemagne, si la fortune des armes lui avait été favorable, nous eût imposé un traité draconien.

Conditions de paix de l'Allemagne. — Notons d'abord un point : le Président des Etats-Unis ayant, dans son message du 8 janvier 1918, fait connaître les buts de guerre de l'Entente en des termes où les Puissances centrales ne pouvaient manquer de voir une invitation à publier les leurs, l'Autriche-Hongrie déclara, le 24 janvier, qu'elle était disposée à traiter sur les bases indiquées par M. Wilson. La réponse du chancelier allemand, publiée le même jour, fut tout autre. M. Wilson, dans son message du 11 février, la caractérisa ainsi : « La réponse du comte Hertling est, je dois le dire, très vague, très déconcertante. Elle est pleine de phrases équivoques et conduit on ne sait où, mais elle est certainement d'un ton très différent de celle du comte Czernin et d'intentions apparemment opposées. »

A cette époque, la guerre durait depuis près de quatre ans déjà. Le monde aspirait à la paix. Si l'Allemagne avait eu vraiment l'intention de nous offrir des conditions acceptables, c'était pour elle l'occasion de les publier, afin d'engager ses adversaires à traiter. Le fait qu'elle s'est refusée à faire connaître, alors, ses buts de guerre, suffisait, à lui seul, pour témoigner qu'elle nourrissait, en réalité, des arrière-pensées de spoliation, de conquête. Mais nous avons, à cet égard, d'autres éléments de preuve.

Il est d'abord certain que l'opinion publique en Allemagne envisageait, comme prix de la victoire si longtemps escomptée, d'énormes avantages à réaliser aux dépens du vaincu. La résolution de paix adoptée par le Reichstag le 9 juillet 1917, et dont on cherche aujourd'hui à faire état, de l'autre côté du Rhin, pour accréditer la légende que le Reich n'avait aucune visée ambitieuse, cette résolution ne doit pas donner le change. Ça été une manifestation aussi stérile que théâtrale. Elle n'a eu aucune suite pratique. De toute évidence, elle ne répondait pas à l'opinion du public. Celui-ci était animé de bien autres idées.

Dès avant la guerre, en 1911, trois ans avant Charleroi et la Marne, Tannenberg, se faisant le porte-parole de l'Alldeutsch Verband, déclarait, dans son célèbre ouvrage « Gross Deutschland », que l'Allemagne, à l'issue du conflit qu'il prévoyait prochain avec la France, devrait s'annexer les Pays-Bas, la Belgique, le Luxembourg, la Suisse et la partie de la France située à l'est de la ligne de partage des eaux entre le bassin de la Meuse et celui de la Seine. Les populations de langue française situées dans ces territoires devaient être expulsées et leurs terres données à des colons allemands.

Dira-t-on que ce sont là les divagations d'un exalté? Le succès du livre de Tannenberg, dont une édition populaire a été publiée encore au début de la guerre, témoigne en tout cas que ces idées étaient goûtées de nombreux lecteurs. Et nous allons voir qu'elles correspondaient aux vues de groupes importants, dont le rôle en Allemagne était considérable, et qui représentaient des cercles dont l'influence était, le plus souvent décisive dans l'ancien Empire.

Le 20 mai 1915, au lendemain de la bataille d'Arras, à la veille de la chute de Przemysl, une pétition fut envoyée au chancelier von Bethmann Hollweg, par les six grandes associations suivantes :

Ligue des agriculteurs;

Ligue des paysans allemands;

Groupement provisoire des associations chrétiennes de paysans allemands (Association de paysans westphaliens);

Union centrale des industriels allemands;

Ligue des industriels;

Union des classes moyennes de l'Empire.

Ce document exposait les conditions auxquelles les six groupes en question estimaient que devrait être conclue la paix à venir.

En ce qui concerne la Belgique, il était spécifié que ce pays « doit être, au point de vue monétaire, financier et postal, soumis à la législation de l'Empire. Ses chemins de fer et ses voies fluviales doivent être étroitement reliés à nos communications. En constituant un territoire wallon et un territoire flamand prépondérant et en mettant en des mains allemandes les entreprises et propriétés économiques dominant le pays, on organisera le gouvernement et l'administration de manière que les habitants ne pourront acquérir aucune influence sur les destinées politiques de l'Allemagne ». Le but était évidemment d'enlever à la Belgique toute indépendance, de réduire ses habitants à l'état de serfs, sans droits politiques, sans possibilités économiques. La pensée des six associations était d'ailleurs mise en lumière dans le paragraphe final : « Une Belgique indépendante continuerait d'être la tête de pont de l'Angleterre, son point d'appui contre nous. »

Pour la France, la pétition des six associations disait : « Il est, pour nous, d'un intérêt vital que nous possédions la région côtière à peu près jusqu'à la Somme avec un hinterland d'une étendue telle que, économiquement et stratégiquement, les ports où aboutissent les canaux puissent prendre leur pleine importance. Toute autre conquête territoriale en France, en dehors de l'annexion nécessaire des bassins miniers de Briey, ne doit être faite qu'en vertu de considérations stratégiques. » La pétition précisait que, en vertu de ce principe, Belfort, Verdun, les contreforts occidentaux des Vosges, la ligne de la Meuse, les bassins charbonniers du Nord et du Pas-de-Calais, devaient être annexés à l'Allemagne. Elle ajoutait : « Ces augmentations territoriales — la chose va de soi après l'expérience de l'Alsace-Lorraine — supposent que la population des territoires annexés ne sera pas en mesure d'obtenir une influence politique sur les destinées de l'Empire allemand, et que tous les moyens de puissance économique existant sur ces territoires, y compris les propriétés moyennes et les grandes propriétés, passeront en des mains allemandes. La France indemnisera les propriétaires et les recueillera. » Notre pays devait, en outre, payer une indemnité de guerre « suffisante » et prêter la main à de « larges annexions » dans l'Est, de manière à accroître la zone agricole et à faire bourrelet autour de la Prusse, de Posen, de la Silésie, à la constitution d'un empire colonial « satisfaisant pleinement les nombreux intérêts économiques allemands »; enfin, à l'institution de « garanties pour l'avenir commercial et douanier de l'Allemagne ».

On excusera cette longue citation. Elle permet d'apprécier quelles conditions de paix recommandaient, en 1915, les cercles les plus influents de l'agriculture et de l'industrie, c'est-à-dire les milieux qui pouvaient être considérés comme représentant le plus exactement l'opinion véritable de l'Allemagne. L'opinion modérée. Les industriels, les agriculteurs qui composaient ces six associations étaient, par leur situation, des gens sérieux, nullement exaltés. Les buts de guerre des junkers, des militaires étaient, sans doute, bien autre chose. Nous ne les connaissons pas au juste. Mais nous savons, par la déclaration, rappelée plus haut, du général von Klück. que cet officier, comme entrée de jeu, entendait « anéantir la France » et dévaster Paris de manière qu'il n'en restât que « des cendres et des ruines ». Auprès d'un pareil énergumène, les porte-paroles des six associations peuvent être considérés comme des modérés. Et ils prétendaient annexer un quart de la France, en chasser, après les avoir dépouillés, tous les habitants ayant quelque fortune, réduire les autres au rôle d'ilotes, sans droits politiques, sans possibilité de s'élever, par leur intelligence ou leur travail, au-dessus d'une situation semblable à l'esclavage où les sanglants chevaliers porte-glaives avaient, au moyen âge, réduit les populations païennes des marches de l'Est!

On aura remarqué les nombreuses similitudes entre les conditions ainsi réclamées par les six associations et celles que préconisait Tannenberg. Nous avons d'autres témoignages que ces idées de spoliation et de conquêtes étaient, alors, générales en Allemagne.

Le « Congrès de la Patrie allemande », notamment dans une réunion tenue pour protester contre les conditions de paix modérées approuvées le 19 juillet 1917 par le Reichstag, réclamait :

Annexion de la Courlande, de la Livonie, de la Lithuanie et de l'Estonie;
« Rectification de frontière » aux dépens de la Pologne;
Annexion de la côte flamande et établissement du protectorat allemand sur la Belgique;
Annexion des bassins de Longwy et de Briey;
« Rectification de frontière » dans la région des Vosges et de Belfort;
Extension du domaine colonial;
Indemnité de guerre.

Les milieux industriels, agricoles et pangermanistes n'étaient pas seuls, d'ailleurs, à insister pour que l'Allemagne exploitât à fond la victoire qu'on escomptait. Les hommes d'État les plus en vue, les plus pondérés, les plus représentatifs de l'opinion, réclamaient, eux aussi, la spoliation des futurs vaincus. Erzberger, le politicien habile entre tous à prendre le vent, l'agent indispensable de l'important parti du centre, Erzberger, dans un mémoire daté du mois d'août 1914 et que les journaux de Munich ont publié le 9 avril 1919, résumait comme il suit les conditions de la paix qu'il voulait voir dicter par l'Allemagne :

« Établissement de la souveraineté militaire » de l'Allemagne sur la Belgique et sur la côte française jusqu'à Boulogne;

Annexion des îles anglo-normandes, des gisements de Lorraine, de Belfort, plus de larges conquêtes territoriales à l'Est de manière à isoler la Russie du côté de la Baltique et de la mer Noire;

Indemnité.

Sur ce dernier point, Erzberger posait un principe qu'il convient de souligner. Il spécifiait que « l'impuissance financière momentanée d'un pays n'est pas un facteur décisif au point de vue de la détermination de l'indemnité qu'il y a lieu d'exiger de lui. La France, par exemple, payerait des annuités et les économies qui lui seraient imposées au point de vue militaire et naval lui permettraient d'effectuer de gros paiements. »

Si nous avons tenu à reproduire ce dernier passage, ce n'est pas certes, pour essayer une réfutation des théories qui y sont exprimées. Elles s'appliqueraient de tous points à l'Allemagne d'aujourd'hui et ses créanciers actuels y trouveraient un argument excellent pour presser l'apurement de leurs comptes.

En présence d'un tel ensemble de faits, de documents si concordants, on est, semble-t-il, déjà en droit de conclure que l'Allemagne victorieuse nous eût imposé une paix comportant les conditions les plus dures, les plus inhumaines, une paix sans parallèle avec les stipulations modérées et justifiées du Traité de Versailles. Mais nous avons un témoignage plus direct encore, plus décisif.

L'Allemagne, on l'a rappelé plus haut, s'est toujours refusée à faire connaître ses buts de guerre. Un moment vint, cependant, où il lui fallut abattre ses cartes. Quand la Roumanie, vaincue, fut contrainte de demander la paix, le Cabinet de Berlin se trouva amené, forcément, à poser des conditions. A ce moment (les préliminaires sont du 5 mars 1918) la situation n'était rien moins qu'assurée pour les Puissances centrales. L'Empire d'Autriche avait dû reconnaître que ses peuples étaient à bout. En Allemagne, les ouvriers des fabriques de munitions venaient, comme le rappellent dans leur préambule (p. 317) les *Süd. Monatshefte*, de faire grève. Les troupes américaines commençaient d'affluer en France. L'Allemagne, donc, avait un intérêt essentiel à se montrer conciliante vis-à-vis de la Roumanie, à ne pas poser de conditions trop dures, à faire en sorte que ce traité fût comme un appât susceptible de séduire les autres belligérants, de les engager à mettre, eux aussi, bas les armes. Les conditions posées à la Roumanie doivent par suite être considérées comme tout à fait exceptionnelles, comme constituant, certainement, des exigences minima.

Voyons ce que ces conditions ont été :

Aux termes des préliminaires du 5 mars et du traité du 7 mai 1918, la Roumanie se voyait enlever la Dobroudja — 700,000 habitants et 20,000 kilomètres carrés. Cette province devait être soumise au condominium des Puissances Centrales qui avaient ainsi un moyen de pression sur les vaincus.

Dans les Carpathes, une « rectification de frontières » enlevait à la Roumanie 100,000 ressortissants, tous de pure race roumaine et 6,000 kilomètres carrés comprenant de très importants massifs forestiers et des chutes d'eau nombreuses, le tout estimé plusieurs milliards.

Au total, 800,000 habitants et 26,000 kilomètres carrés, soit plus de 10 p. 100 de la population, plus de 18 p. 100 de la superficie du royaume.

La Roumanie devait acquitter, sur ses ressources, tous les billets de banque émis ou à émettre par les autorités allemandes, c'est-à-dire, en réalité, toute la fausse monnaie roumaine fabriquée à Berlin. Aucune limitation n'était imposée à cette émission. De fait, quand l'avance des Alliés obligea les troupes austro-allemandes à évacuer la Roumanie, le montant de ces billets s'élevait à 2 milliards 300 millions.

Elle s'engageait à payer, pour chaque prisonnier de guerre rapatrié, une somme de 2,500 lei (officier) et 1.200 lei (homme de troupe). En fait, l'Allemagne a inscrit, sur la liste des prisonniers rapatriés, de nombreux civils qui avaient été réquisitionnés pour des travaux en sorte que son compte total lui permit de réclamer des indemnités de rapatriement pour 200,000 hommes.

La Roumanie s'obligeait, en outre, à céder à l'Allemagne toutes ses installations sur le Danube, à payer une indemnité de 750 millions pour être répartie entre des sujets allemands et austro-hongrois, à rembourser enfin tous les bons de réquisition allemands (plus d'un milliard).

L'ensemble de ces charges, qui devaient être acquittées dans un délai très court, représentait 6 à 7 milliards, somme énorme pour un pays ruiné par la guerre. Mais ces stipulations draconiennes n'étaient encore qu'une partie des sacrifices imposés à la Roumanie. Une convention annexe, dite des céréales, constituait, pour sept ans, à partir de 1919 (la récolte de 1918 était sous le régime de la réquisition militaire) le monopole, au profit des Puissances centrales, de toute la production agricole — céréales, graines oléagineuses, fourrages, légumineux, plantes textiles, vins, bestiaux, volailles, œufs, laine. Tous ces produits, dont la valeur représentait annuellement une somme d'environ 3 milliards, devaient rester à l'entière disposition des autorités austro-allemandes lesquelles prendraient ce qui était à leur convenance et payeraient à des prix qu'elles-mêmes fixeraient (en fait, les Puissances centrales se sont approprié ainsi la presque totalité de la première récolte effectuée sous ce régime, ne laissant à la population qu'à peine ce qui était nécessaire pour qu'elle ne mourût pas de faim, et les prix établis furent très inférieurs aux prix mondiaux). La Roumanie ne pourrait disposer que des reliquats disponibles après que les Puissances Centrales auraient prélevé ce qui leur convenait. Elle ne pouvait rien exporter sans leur consentement.

Par une seconde convention annexe, dite des pétroles, la Roumanie s'engageait, pendant une période de 30 ans (pouvant être portée à 90 ans sur la simple demande des Puissances centrales) à concéder à une société allemande le monopole, sur son territoire, de l'exploitation et de la vente du pétrole. Cette société devait être exempte de toute taxe, de tout impôt. Elle pourrait, dans tout le pays, exproprier tous les terrains à sa convenance, sans déclaration d'utilité publique. Tous les différends où elle viendrait à être impliquée seraient soumis à un Tribunal arbitral, la nomination du surarbitre étant réservée au Président du Tribunal d'Empire, à Leipzig.

D'autres stipulations établissaient la main-mise de l'Allemagne sur le Danube, en violation des traités qui avaient créé un statut international pour ce fleuve, ainsi que sur le régime douanier de la Roumanie. Les forces militaires du royaume étaient strictement limitées et placées sous le contrôle des Puissances Centrales. Celles-ci pouvaient prolonger, sans fixation de durée, leur occupation militaire du pays avec la faculté d'exercer, dans la plus large mesure, le droit de réquisition, aux frais du Gouvernement roumain.

Pour parachever l'asservissement de la Roumanie, un commissaire allemand était installé auprès de chaque Ministère, auprès de la Direction de la Sûreté générale, auprès de la Banque Nationale, auprès de chacune des principales institutions de crédit.

Ce n'est pas tout. Le traité avait prévu la faculté, pour les sociétés allemandes d'immigration, de recruter des ouvriers en Roumanie, dans la pensée évidente de faciliter un exode des Roumains et leur remplacement par des colons allemands. Pour hâter sans doute l'opération, le Commandement allemand provoqua la promulgation d'un décret instituant, sous la sanction du Code militaire, le travail obligatoire pour tous les habitants âgés de 14 à 60 ans. Ces travailleurs pouvaient être déportés, car le décret disait expressément qu'ils seraient envoyés « là où l'autorité allemande le jugerait nécessaire ». Et le régime devait être maintenu même après la cessation des hostilités. L'Allemagne avait donc là un moyen efficace de réaliser, sur le Danube, les plans barbares préconisés, comme nous l'avons vu plus haut, pour le Sud de la Belgique et pour l'Est de la France, par Tannenberg et par le mémoire des six associations — chasser les autochtones de leurs foyers, les obliger à émigrer et établir, à leur place, des colons allemands.

Ces accords de Bucarest permettent de se faire une idée de la paix que l'Allemagne, victorieuse, nous aurait imposée; idée trop optimiste encore car il n'est pas douteux que les conditions faites à la Roumanie doivent être considérées comme étant, relativement, très modérées. Pour les motifs que nous avons exposés antérieurement, l'Allemagne, à Bucarest, avait certainement atténué ses exigences. Elle se fût montrée autrement dure envers les autres alliés si elle avait réussi à les vaincre. Pour qui en douterait, malgré les raisons que nous avons déjà développées, nous signalerons le fait suivant, qui constitue une preuve formelle, irréfutable. Comme, au moment de signer le traité de Bucarest, un des délégués roumains, M. Missir, doyen de l'Université, versait des larmes à la pensée des ruines, de l'esclavage que cette paix allait infliger à son pays, un plénipotentiaire allemand, M. Kriege, lui dit, en matière de consolation : « Vous apprécierez la modération des conditions qui vous sont faites quand vous connaîtrez celles qui ont été préparées pour la France et l'Angleterre. Alors, vous verrez ce qu'on peut appeler une paix dure ».

M. Kriege, chef de la III° Section (Direction des affaires juridiques) à l'Office impérial des Affaires étrangères, était, par ses fonctions, très exactement au courant des questions se rattachant à l'élaboration des traités. C'était, d'ailleurs, un jurisconsulte des plus distingués, habitué à peser ses paroles. La déclaration, faite par lui à M. Missir, que les conditions de paix préparées pour la France et pour l'Angleterre étaient infiniment plus dures encore que les léonines stipulations de Bucarest nous dispensent de discuter les fantaisies des *Süd. Monastshefte* sur la modération que l'Allemagne, au cas où elle eût remporter la victoire, aurait, prétendent-ils, déployée à notre égard.

Les 14 Points du Président Wilson. — Les allégations que cette revue essaye de fonder sur les conditions dans lesquelles est intervenu l'armistice du 11 novembre 1918 ne sont pas moins injustifiées. Elles se trouvent développées tout au long dans le préambule (p. 317). Les deux articles de fond sur les pertes territoriales et sur les charges financières imposées à l'Allemagne par le Traité de Versailles y font de fréquentes allusions. M. v. Müller y revient à son tour, (p. 355) dans son étude sur la détresse du peuple allemand.

Pour les *Süd. Monatschefte*, l'Allemagne, en novembre 1918, n'était pas vaincue. C'est séduite par le mirage des 14 points du Président Wilson qu'elle a consenti à mettre bas les armes. Trompant sa confiance, les Alliés, quand ils la virent réduite à l'impuissance par le succès de leur ruse, ont abusé d'elle en lui imposant des conditions de paix qui constituaient une violation flagrante des promesses sur la foi desquelles elle avait consenti à désarmer.

La thèse n'est pas nouvelle. Dès les premiers jours qui suivirent l'armistice, l'orgueil allemand essaya de nier l'évidence. C'est sous des arcs de triomphe que, à leur retour, défilèrent, dans bien des villes, les soldats dont les chefs venaient de signer la capitulation du 11 novembre. Au lieu de reconnaître leur défaite, on essaya de glorifier en eux les héros d'imaginaires succès. Un journal, la « *Deutsche Zeitung* », alla jusqu'à publier un article signé du Dr Mehrmann-Koblenz, où il était dit que, sans la révolution de novembre, révolution dont les « *Süd. Monatshefte* » prétendent (p. 317) qu'elle est l'aboutissement d'une manœuvre des Alliés ayant son point de départ dans les 14 Points du Président Wilson, la guerre aurait pris fin, au bout de deux ou trois semaines, par une éclatante victoire des Allemands.

Nous ne croyons pas qu'il soit besoin de relever cette accusation invraisemblable que le généreux message du 8 janvier constituât une ruse de guerre. Par ailleurs, nous avons déjà montré, au cours de la présente étude, que les stipulations du Traité de Versailles sont, en fait, conformes à ses 14 Points. Il est facile d'établir l'inanité du surplus de la thèse qu'essayent de soutenir les *Süd. Monatshefte*.

Que les 14 Points du Président Wilson n'aient pas été la cause déterminante de la résolution prise, par l'Allemagne, de capituler, c'est ce qui résulte, à l'évidence, d'un simple rapprochement de dates. Ces 14 Points ont été exposés dans le Message du 8 janvier 1918. C'est le 5 octobre seulement, neuf mois plus tard, que l'Allemagne se déclara prête à les accepter pour base de pourparlers de paix. Personne ne croira qu'elle ait mis tant de temps à apprécier la valeur de ces 14 Points, que le Chancelier d'Empire von Hertling avait d'ailleurs, lors de leur publication, repoussés par la Note du 24 janvier dont nous avons fait mention plus haut. Une autre cause a, en la circonstance, dicté à l'Allemagne sa décision ; la défaite.

C'est vainement, en effet, que les thuriféraires de l'ancien régime essayent de donner le change. L'Allemagne, à l'automne de 1918, était vaincue, irrémédiablement vaincue. La retraite ininterrompue de ses troupes depuis le commencement de notre offensive de juillet n'était pas comme, ils le prétendent, « planmässig », due à l'exécution d'un plan stratégique. C'était la conséquence inéluctable d'une défaite dont les proportions s'aggravaient de jour en jour. Le repli a pu paraître lent aux gens ignorant des changements apportés, dans les conditions des luttes modernes, par la substitution de la guerre de position à la guerre de mouvement. Ce n'en était pas moins une défaite, complète, absolue, définitive. Qu'on en juge par les chiffres suivants :

Du 18 juillet au 10 novembre, l'armée allemande en retraite avait, sans parler des blessés et des morts, laissé entre les mains des alliés, 360,000 prisonniers. Elle leur avait abandonné 6,500 canons. Comme les dépôts, dégarnis, ne permettaient pas de combler ces vides, force avait été de dissoudre 23 divisions, dont les éléments avaient servi à reconstituer les corps qui étaient conservés. Malgré cela, les effectifs des unités restaient insuffisants. Le chiffre moyen des combattants, par compagnie d'infanterie, était tombé de 120 à 50. Quarante pour cent des bataillons avaient dû être ramenés de 4 à 3 compagnies. Et ces divisions ainsi réduites en effectifs étaient, par ailleurs surmenées par la lutte incessante que leur imposait un adversaire dont, ayant complètement perdu l'initiative, elles devaient, maintenant, subir sans cesse la volonté. Pendant les mois de septembre et d'octobre, 60 p. 100 des divisions allemandes étaient restées constamment en ligne. Le tableau ci-après permet de mesurer le degré d'épuisement des troupes allemandes :

DATES.	NOMBRE total des divisions.	DONT en réserve.	VALEUR DES DIVISIONS EN RÉSERVE.		
			Fraîches.	reconstituées.	Fatiguées.
15 juillet............	207	81	43	26	12
26 septembre............	197	68	21	40	6
11 novembre............	184	17	2	5	10

Ainsi, du 15 juillet au 11 novembre, le nombre des divisions allemandes était tombé de 207 à 184. Celui des divisions en réserve de 81 à 17. Celui des divisions fraîches, de 43 à 2. Nous venons de voir que les effectifs, en infanterie, de ces unités avaient subi des réductions importantes. L'artillerie, elle aussi, avait dû être diminuée à raison tant des pertes en hommes que des pertes en matériel, les usines de l'intérieur n'arrivant plus à remplacer les bouches à feu abandonnées à l'ennemi ou détruites par son tir. C'est ainsi que les batteries lourdes avaient été ramenées de 4 à 3 pièces, les régiments de campagne de 9 à 8 batteries.

Le Haut commandement allié connaissait cette situation et il se préparait à l'exploiter. Le 19 octobre, le Maréchal Foch donnait l'ordre de préparer une offensive de grande envergure en Lorraine. Le 9 novembre, le jour même où le Gouvernement allemand prenait connaissance des conditions dictées par les Alliés, tous les préparatifs étaient terminés et le général commandant le groupe d'armées de l'Est arrêtait les dernières dispositions pour une attaque qui, en cas de refus des allemands, allait jeter sur les six divisions, dont trois de landwehr, du duc de Wurtemberg, retirées depuis peu de la bataille, donc divisions épuisées, et que faute de lignes de rocade, faute de réserves disponibles, il n'était pas possible de soutenir, 22 divisions alliées toutes fraîches, appuyées d'une puissante artillerie spéciale et d'un corps de trois divisions de cavalerie. Si l'armistice n'avait arrêté cette offensive, il est absolument hors de doute qu'elle eût enfoncé la position ennemie des secteurs de la Moselle, ce qui aurait amené nos troupes sur le derrière des armées allemandes. La retraite de celles-ci eût été, alors, gravement compromise. Pour de nombreux corps, notamment pour les groupes du Kronprinz et du Prince héritier de Bavière, elle aurait été rendue des plus difficiles. L'examen de la carte montre que leurs 130 divisions, alourdies des formations accessoires, n'auraient eu, pour s'écouler, qu'un étroit goulot de 75 kilomètres. C'est à peine si, à travers cette région difficile de l'Ardenne et de l'Eifel, chaque armée aurait pu trouver trois ou quatre routes de marche. On imagine aisément l'encombrement qui se serait produit et les pertes qui en seraient résultées pour les armées allemandes talonnées par les Alliés. Rappelons que, après l'armistice, ces armées, quoiqu'elles pussent alors exécuter leurs mouvements en toute liberté sans avoir à compter avec les attaques d'un ennemi, se sont heurtées aux difficultés les plus extrêmes. La XVIIe armée par exemple n'a eu, pour traverser la zone montagneuse et sans ressources du Hohewenn, qu'une seule route, où durent se suivre 22 divisions. La IVe armée, elle, n'a pas même réussi à ramener toutes ses troupes par les territoires belge et allemand. Elle dut faire passer 75,000 hommes environ par la province néerlandaise du Limbourg. Il est facile de juger, par là, de ce qu'eût été la retraite de ces corps, s'ils avaient dû se replier en hâte, sous la pression d'attaques constantes sur leur front, avec la menace de l'avance, sur leurs derrières, des troupes du général de Castelnau. Toute personne au courant des choses de la guerre sera d'accord que l'opération eût abouti à un véritable désastre et que les pertes des allemands, en prisonniers, en matériel, auraient dépassé tout ce qui avait été vu jusque-là dans aucune guerre.

On peut donc affirmer que, le 11 novembre 1918, l'Allemagne, qui ne devait plus, d'ailleurs, compter, ni sur la Bulgarie, ni sur la Turquie, ni sur l'Autriche, toutes trois déjà hors de combat, était à bout. Elle ne pouvait qu'en acceptant les conditions alliées, échapper à une catastrophe et c'est pour l'éviter, non en considération des 14 Points contenus dans le Message, déjà vieux, du 8 janvier, qu'elle a cédé. Si quelqu'un en doutait encore, après ce que nous venons d'exposer, il n'aurait, pour se convaincre, qu'à lire la lettre suivante que le Maréchal von Hindenburg adressa, le 3 octobre 1918, au Prince Max de Bade, nommé, la veille, Chancelier de l'Empire.

« Le Commandement suprême de l'armée maintient sa demande formulée dimanche le 29.9.18, d'une offre de paix immédiate à nos ennemis.

« Par suite de l'écroulement du front de Macédoine et de la diminution des réserves qui en est résultée pour le front occidental, par suite aussi de l'impossibilité où nous nous trouvons de combler les pertes très élevées qui nous ont été infligées dans les combats de ces derniers jours, il ne reste plus aucun espoir — autant qu'il est possible à un homme d'en juger — de forcer l'ennemi à faire la paix.

« L'ennemi, de son côté, jette journellement dans la lutte de nouvelles réserves. Cependant l'armée allemande reste solide et repousse victorieusement toutes les attaques. Mais la situation devient de jour en jour plus critique et peut forcer le haut Commandement à des décisions lourdes de conséquences.

« Dans ces conditions, il vaut mieux cesser la lutte pour éviter au peuple allemand et à ses alliés des pertes inutiles. Chaque journée perdue nous coûte des milliers de braves soldats. »

Signé : von HINDENBURG.
Maréchal.

Caractère du Traité de Versailles. — Nous arrivons à l'un des derniers arguments des *Süd. Monatshefte*. Le Traité de Versailles, suivant cette revue, constituerait un acte unique dans l'histoire moderne. Les sacrifices imposés par lui à l'Allemagne dépasseraient tout ce qu'on avait vu depuis les guerres Puniques. Ce traité, d'autre part, représenterait non un accord librement débattu et consenti, mais une décision unilatérale, un « Diktat ». Monstrueux, en fait, par ses exigences, il serait, en droit, sans valeur à raison des conditions dans lesquelles il est intervenu.

Ces idées sont de celles sur lesquelles les *Süd. Monatshefte* appuient avec le plus d'insistance. Dans ses « Souvenirs de Versailles », M. von Meinel écrit (p. 324), que le document de Versailles ne saurait mériter le nom de Traité, encore moins « d'un Traité de Paix ». Il revient trois fois sur ce sujet (pages 325, 327, 328). M. von Lersner y fait allusion (page 330) dans sa « Captivité des Plénipotentiaires allemands ». M. von Müller aussi (page 354), proteste que le Traité de Versailles « est unique dans toute l'histoire moderne » et, et un peu plus loin, que « l'histoire des grandes Puissances modernes ne connaît aucune paix semblable ».

Concédons, tout de suite, que le Traité de Versailles est, en effet, « unique », sans précédents. Tout d'abord, c'est (les *Süd. Monatshefte* sont muettes là-dessus, et pour cause, mais nous n'avons aucune raison d'imiter leur silence) la première fois, sans doute, que le vainqueur, tenant, après une lutte longue et coûteuse, le vaincu à sa discrétion, ne lui impose pas le remboursement au moins partiel des frais de guerre.

Accordons, également, que le Traité de Versailles, par sa forme même, constitue une innovation. Mais hâtons-nous d'ajouter que toutes les conclusions que les *Süd. Monatshefte* essayent de tirer de ce fait, manquent de base.

Si le Traité de Versailles n'a pas été précédé de pourparlers entre les deux parties, si sa rédaction a revêtu un caractère en quelque sorte unilatéral, c'est, uniquement, que ses auteurs voulaient que cet acte, à la différence de ce qui se faisait autrefois, fût fondé sur de purs principes, non sur les résultats contingents d'une négociation forcément entachée de marchandages. Ont-ils trop présumé de l'efficacité pratique de ces principes, fait trop de fond sur la bonne volonté des hommes de notre temps ? En tout cas, nul ne saurait suspecter les vues dont ils s'inspiraient. C'était un sentiment très haut de leur rôle, ce n'était aucunement le désir d'opprimer l'Allemagne, de l'humilier ou d'en tirer vengeance. Il n'y avait là rien qui justifiât les objurgations des *Süd. Monatshefte*.

Sur la question de forme, de procédure, la revue, d'ailleurs, exagère ses critiques jusqu'à, parfois, altérer complètement la vérité. A l'appui de son affirmation, rappelée plus haut, que l'histoire des grandes Puissances modernes ne connaissait aucune paix semblable au Traité de Versailles. M. von Müller fait valoir (page 354) que les stipulations de cet acte ont été arrêtées par le Conseil des Dix, parfois seulement des « Quatre grandes » et non en des assemblées plénières des représentants des 27 Puissances alliées, lesquelles n'ont connu le texte du Traité que par la publication qui en fut faite.

Nous n'avons pas à rechercher, ici, dans quelles conditions a été élaboré l'accord du 28 juin 1919. Nous tenons, par contre, à faire remarquer à M. von Müller que la procédure qu'il expose n'a rien de nouveau, rien d'« unique ». Pour en trouver une toute semblable, il n'est pas besoin de remonter plus loin qu'aux Traités de 1815. M. von Müller, qui est professeur d'histoire, sait, mieux que nous, qu'à Vienne, il n'y eut jamais de séance plénière où les représentants de tous les États participants fussent réunis et où on réglât en commun les questions à propos desquelles le Congrès avait été convoqué. Il y eut seulement des séances de commissions particulières qui aboutirent à la signature de Traités séparés. Ces divers accords furent, ensuite, réunis et contresignés par les grandes Puissances sous le nom d'Acte final de Vienne. Les États secondaires furent simplement invités à donner leur adhésion. Ces petits États ont été plus courtoisement traités à Versailles.

Quant aux considérations échafaudées, par les *Süd. Monatshefte*, sur le fait que le traité du 28 juin 1919, au lieu d'avoir été débattu entre vaincus et vainqueurs, a revêtu la forme d'une décision unilatérale de ceux-ci, d'un « Diktat », il suffira de faire remarquer que toute convention mettant fin à des hostilités terminées par la défaite d'un des adversaires, a toujours, forcément, le caractère d'une injonction. L'essentiel est que les clauses soient justes. Le reste est secondaire et il importe assez peu, par ailleurs, que le vaincu ait été, ou non, admis à discuter les stipulations qu'on lui impose s'il n'a pu faire valoir ses revendications légitimes.

A ce point de vue le Traité de Versailles, quoi qu'en disent les « *Süd. Monatshefte* » supporte toutes les comparaisons. Sans doute l'Allemagne n'a-t-elle pas été admise à discuter les dispositions fondées sur le principe indiscutable du droit de libre disposition. Qu'eût-elle pu objecter à la restitution de l'Alsace-Lorraine, du Slesvig, des provinces volées par elle à la Pologne ? Pour le surplus, c'est-à-dire pour les clauses basées sur des questions de fait, non sur des points de droit, notamment pour les affaires de réparations, de payements, il est tout à fait faux que les Alliés aient décidé seuls, sans avoir donné au Reich les moyens de faire valoir ses raisons. Le 16 juin 1919, tout en sommant l'Allemagne de signer le traité, M. Clemenceau écrivait, au nom des Puissances alliées et associées :

« Les Puissances alliées et associées consentent à accorder à l'Allemagne toutes facilités nécessaires et raisonnables pour lui permettre de se former une idée d'ensemble des dévastations et dommages, et de présenter des propositions dans un délai de quatre mois à dater de la signature du Traité, pour le règlement des demandes correspondant à chacune des catégories de dommages dont elle est responsable. Si, au cours des deux mois qui suivent la mise en vigueur du Traité, on peut arriver à un accord, l'exacte responsabilité pécuniaire de l'Allemagne sera ainsi déterminée. Si un accord n'est pas intervenu dans ce délai, l'arrangement prévu par le Traité entrera en exécution. »

Ce n'était pas là, certes, une politique de contrainte et il sera difficile, à qui a lu cette lettre, de prétendre que l'Allemagne, à Versailles, s'est vu imposer un « Diktat ».

On sait que, le Reich n'ayant pas fait usage de la faculté qui lui était ainsi donnée de régler les réparations par voie de négociation, d'accord librement consenti, force fut d'appliquer l'arrangement prévu par le Traité. Mais cet arrangement même, nous l'avons constaté déjà, avait pris toutes les précautions nécessaires pour que, quoique récalcitrante, l'Allemagne fût entendue. Le Traité de Versailles contient, à ce sujet, de multiples et explicites prescriptions. C'est ainsi que l'article 233 stipule que la Commission des Réparations, avant de fixer le montant des dommages pour lesquels réparation est due par l'Allemagne, « donnera au Gouvernement allemand l'équitable faculté de se faire entendre ». L'article suivant ajoute que, après le 1ᵉʳ mai 1921, la Commission devra « étudier, de temps à autre, les ressources et les capacités de l'Allemagne, et, après avoir donné aux représentants de ce pays l'équitable faculté de se faire entendre, elle aura tout pouvoir pour étendre la période et modifier les modalités des payements ». Le même souci d'équité se retrouve dans l'Annexe II, § 9. « La Commission devra, dans les délais qu'elle fixera de temps à autre, et si le Gouvernement allemand en fait la demande, entendre tous arguments et témoignages présentés par l'Allemagne sur toutes questions se rattachant à sa capacité de payement ». Dans l'Annexe IV, § 4 (concernant les matériaux, animaux et objets à livrer au titre des réparations) il est dit « La Commission donnera aux représentants du Gouvernement allemand la faculté de se faire entendre, dans un délai déterminé, sur sa capacité de fournir lesdits matériaux, animaux et objets ». Enfin, l'Annexe V, § 10, dispose que toutes les demandes relatives aux livraisons de charbon devront être notifiées à l'Allemagne un certain temps d'avance et que « si la Commission juge que la satisfaction complète des demandes est de nature à peser d'une façon excessive sur les besoins industriels allemands, elle pourra les différer ou les annuler ».

En présence de ces textes, il n'est pas permis de soutenir que le Traité de Versailles soit, comme les « Süd. Monatshefte » le prétendent un acte unilatéral, un « Diktat ». De fait, seules ont été arrêtées sans que l'Allemagne eût été mise à même de faire entendre sa voix, les clauses adoptées en vertu de principes que les Alliés considéraient à bon droit comme au-dessus de toute discussion. Pour toutes celles au sujet desquelles il y avait, au contraire, lieu à débats sur le plus ou le moins, entre autres pour les questions de réparations, de prestations, de payement, toutes les décisions ont été renvoyées à la Commission des Réparations, laquelle ne devait statuer qu'après avoir entendu les observations de l'Allemagne. Et ce que nous avons vu, plus haut, des remises, des réductions, des ajournements qui lui ont été successivements accordés, montre que ces dispositions bienveillantes ne sont pas, tant s'en faut, restées lettre morte.

Un rapprochement avec le dernier traité de paix intervenu entre la France et l'Allemagne fera mieux ressortir le caractère vrai des accords du 28 juin 1919. En 1871, les Plénipotentiaires français, à Versailles, à Bruxelles, à Francfort, furent, sans doute, admis à développer leurs observations. Elles étaient d'un autre ordre et avaient un autre poids que les chicanes de détail que les représentants du Reich auraient pu essayer de soulever à propos de la restitution des provinces enlevées par la violence, contre le vœu des populations, à la France, au Danemark, à la Pologne. En 1871, les Alsaciens-Lorrains par des élections toutes récentes, effectuées dans des conditions qui ne permettaient pas à l'Allemagne d'en contester la signification, venaient de proclamer, de la façon la plus nette, la plus solennelle, leur volonté de rester français. Il ne fut tenu compte ni de leurs protestations ni de celles de nos Plénipotentiaires. Les efforts de ceux-ci restèrent aussi vains que si l'on avait rédigé sans eux le Traité de Francfort. Cet acte ne fit que reproduire les exigences arrêtées, dès l'origine, par la Prusse. La seule concession du vainqueur, la réduction de six à cinq milliards du chiffre de l'indemnité de guerre, fut due uniquement à l'intervention du Gouvernement anglais, préoccupé des perturbations que le payement, par la France, d'une trop forte somme, risquait de provoquer sur le marché international. Quant aux cessions de territoire qui nous furent imposées, la frontière tracée par le Traité de Francfort correspondait exactement à celle qui avait été déterminée par l'ordre de Cabinet du 21 août 1870, et reproduite sur la « carte au liseré vert » que l'État-major général Prussien avait publiée en septembre de la même année, sauf que Belfort avait dû à l'héroïque défense de Denfert-Rochereau de rester française et que quelques districts destinés à élargir la zone de la place avaient été échangés contre certains terrains dans la région de Briey, un troc avantageux d'ailleurs pour l'Allemagne qui y gagnait de riches gisements de minette.

Ainsi donc, en 1871, les Plénipotentiaires Français, s'ils ont été admis, en principe, à discuter les conditions de paix, se sont heurtés, en fait, à la volonté inflexible du vainqueur. Leur intervention a été inutile, leur action nulle. En 1919, le Traité de Versailles a, il est vrai, été élaboré sans la collaboration de l'Allemagne. Mais, pour toutes les stipulations qui ne constituaient pas des questions de principe, l'Allemagne, par suite du mécanisme de la Commission des Réparations, a été, dans la réalité, admise à faire valoir, et d'une manière pour elle très efficace, ses vues, ses arguments, ses objections. Les « *Süd. Monatshefte* » ne sont donc nullement fondés à tirer argument de la procédure adoptée à Versailles. Ajoutons que, s'il était intervenu suivant les règles dont cette revue se réclame, le Traité n'en aurait sans doute pas été mieux exécuté par le Reich. Celui-ci a signé à Londres, le 10 juin 1921, pour l'application de l'Article 296 du Traité de Versailles, une convention qui a été régulièrement négociée, librement consentie. L'Allemagne ne l'a pas plus appliquée que ses autres engagements.

Les « *Süd. Monatshefte* » ne sont pas mieux en droit de prétendre par la bouche de M. v. Müller que le Traité de Versailles, par l'importance des sacrifices qu'il a imposés à l'Allemagne, est sans exemple dans « toute l'histoire de l'humanité civilisée », que « dans l'histoire chrétienne moderne, jusqu'en 1919, on ne trouve aucun traité de paix comme celui-là » et que « pour lui trouver un parallèle il faut vraiment revenir à peu près jusqu'à la conclusion des guerres puniques par les Romains ».

Avec tout le respect que nous devons à un professeur d'histoire en l'Université de Munich, il nous sera permis de soutenir que, pour voir imposer à un peuple des conditions aussi dures, plus dures même, que celles qui ont été faites à l'Allemagne par le Traité de Versailles, il n'est pas nécessaire de se reporter aux temps lointains d'Hannibal, de Massinissa et de Scipion. Il n'est pas même besoin de remonter jusqu'aux traités odieux par lesquels, à la fin du dix-huitième siècle, la Prusse, en association avec l'Autriche et la Russie, a mis fin à l'indépendance de la Pologne, partageant ses populations comme un bétail. En plein xixe siècle, les Traités de Vienne ont imposé à la France des sacrifices dépassant de beaucoup ceux que le Traité de Versailles comportait pour l'Allemagne.

Les « *Süd. Monatshefte* » se plaignent qu'on ait, en 1919, pris à ce pays 10 p. 100 de ses territoires, 12 p. 100 de sa population. A Vienne, ce n'est pas 10 et 12 p. 100 qu'on a enlevé à la France, on l'a réduite de moitié. En 1815, dans une Europe trois fois moins peuplée qu'elle ne l'est aujourd'hui, la Prusse gagnait deux millions de sujets. Nous en 1919, dans une Europe dont la population avait triplé depuis un siècle, nous avons seulement recouvré les 1,800,000 Alsaciens-Lorrains qui avaient été séparés de nous par le coup de force de 1871, qui n'avaient pas cessé, depuis lors, de protester de leur volonté de redevenir français. Nous ne gagnions pas un pouce de territoire. On ne nous rendait même pas l'Alsace d'avant 1815. Sanctionnant, sur ce point, les rigueurs du Traité de Vienne, le Traité de Versailles laissait à l'Allemagne Sarrelouis et Landau, qui étaient restées françaises jusqu'après le Traité de Paris de 1814, jusqu'au lendemain de Waterloo. Au point de vue des charges financières, le Traité préliminaire de Paris du 30 mai 1814 nous avait obligé à céder aux alliés un matériel (approvisionnement des places fortes, navires, etc.) représentant un milliard et demi de francs. L'Article final de Vienne nous imposa, en outre, une indemnité de guerre fixée originairement à 700 millions, mais que les réclamations particulières portèrent, finalement, à un chiffre double. Eu égard à la valeur respective de l'argent, à l'importance respective de la fortune publique aux deux époques, ces sommes ne représentent pas sensiblement moins que les réparations mises, en 1919, à la charge de l'Allemagne. Enfin, pour ce qui est de l'occupation militaire, celle dont les « *Süd-Monatshefte* » se plaignent qu'elle ait été imposée, en 1919, au Reich ne s'étend qu'à 30,000 kilomètres carrés. Ce n'est pas la quinzième partie de la superficie de l'Allemagne. Nous, en 1814, c'est presque un tiers de la France qui a été occupé, à nos frais bien entendu, par 150,000 soldats alliés, lesquels ont tenu garnison jusqu'en Bourgogne, jusqu'en Normandie, jusqu'en Bretagne, et n'ont quitté notre territoire qu'après que l'indemnité de guerre à nous imposée eut été acquittée intégralement.

Nous eussions été heureux que le Traité de Vienne nous fit des conditions équivalentes à ces stipulations du Traité de Versailles que M. von Müller, contre toute vérité, contre toute évidence, prétend être sans exemple dans l'histoire de l'humanité civilisée.

Responsabilité de la guerre. — Il ne nous reste plus à examiner qu'un seul de tous les arguments développés par les « *Süd. Monatshefte* ». Le Traité de Versailles serait entièrement, uniquement fondé sur l'idée que l'Allemagne est, seule, responsable de la guerre. Or cette idée, suivant la revue, repose, elle-même, sur un mensonge. Le traité est donc vicié dans son essence, partant, nul.

Cette thèse est à la base de tous les articles contenus dans le recueil. Il ouvre (p. 317) sur une allusion à la « propagande du mensonge », sur le reproche fait au Gouvernement allemand de n'avoir jamais encore proclamé « en termes clairs, que chaque mot dit, dans le Traité de Versailles, sur la responsabilité de la guerre... est le contraire de la vérité ». Le recueil clôt de même (p. 360) sur l'affirmation, deux fois répétée, que « c'est un mensonge que l'Allemagne soit seule responsable de la guerre ».

Nous pourrions multiplier les citations. En maintes pages, revient, comme un *leitmotiv* dans les opéras wagnériens, aussi véhémente, aussi enflammée, cette accusation de « mensonge ». Là dessus, le rédacteur de la préface ne le cède pas à M. v. Müller qui a écrit l'article final, ni M. v. Müller à M. v. Meinel l'auteur des souvenirs de Versailles.

Ces affirmations, tranchantes, catégoriques, multipliées, sont-elles inspirées aux correspondants des « *Süd. Monatshefte* » par l'ardeur des convictions ou bien ont-ils cherché, par cette accumulation de grands mots, à masquer le vide de leur thèse ? En tout cas, si le numéro consacré au Traité de Versailles est plein de passages où il est proclamé que ce Traité repose sur un « mensonge », nous n'y avons trouvé que bien peu de chose qui ressemblât à des arguments. M. v. Müller, le plus ardent à dénoncer « le mensonge » de la culpabilité allemande, se borne à assurer, en termes généraux, que « la preuve a été faite et refaite, notamment dans les pages de cette revue d'après les innombrables documents dont on dispose ». De ces « innombrables documents » l'auteur ne cite aucun, ne désigne aucun. Tout compte fait, nous avons, dans tout le recueil, rencontré seulement cinq passages qui fussent autre chose que des affirmations virulentes mais sans base.

Dans le préambule (p. 317), une référence aux dépêches d'Isvolski à Sazonov publiées par le *Berliner Tageblatt* du 28 décembre 1922, puis l'affirmation que « un aide de camp de l'Empereur de Russie, qui avait été, pendant les jours critiques, envoyé à Berlin avec une lettre du Tsar pour l'Empereur allemand, avait été empêché par Sazonov d'effectuer son voyage ». Dans l'article de M. Endres (p. 338) deux citations et une remarque tendant à établir que Bismarck, Moltke et Guillaume II etaient pacifistes. Enfin dans les « Souvenirs de Versailles », une double observation de M. von Meinel, lequel rapporte (p. 323) que le comte Hertling l'avait mis au courant de « deux faits qui suffisent, à eux seuls, pour établir, devant tout tribunal impartial, que l'Allemagne ne pouvait pas avoir voulu la guerre. L'un est que l'Allemagne, dont l'économie durant les dix dernières années de paix, avait pris un brillant essor et promettait de se développer encore si la paix était maintenue, n'avait à attendre, des complications militaires, que des désavantages et aucun profit. Le second est le fait irréfragable et qui s'est manifesté dès les premiers mois de la guerre, que l'Allemagne quoique, pour son approvisionnement en matières premières, elle dût s'attendre, en cas de conflit, à être coupée de ses fournisseurs par le blocus qui se préparait, ne s'était nullement préoccupée d'accumuler des stocks de matières premières ».

Si nous ne nous trompons, c'est, en dehors des allusions, signalées plus haut, aux « innombrables » documents qui auraient été déjà publiés par les *Süd. Monatshefte* — mais dont aucun n'est mentionné ici de façon tant soit peu précise — tout ce que le recueil « Versailles » produit à l'appui de la thèse que l'Allemagne n'est pas responsable de la guerre. C'est peu, en regard des faits, car, la phraséologie de cette revue ne doit pas le faire oublier, en août 1914, l'ultimatum, puis la déclaration de guerre n'ont pas été portés, par l'Ambassadeur de France à Berlin, au Gouvernement allemand, mais par l'Ambassadeur d'Allemagne à Paris, au Gouvernement français. Et dans quelles conditions!

En le temps même où France et Angleterre multipliaient les démarches conciliantes, les propositions de conférences, les projets de médiation, le 31 juillet, M. de Schoen vient sommer le Président du Conseil des Ministres français de faire connaître, sous 18 heures, si, dans une guerre entre l'Allemagne et la Russie, la France resterait neutre. Au cas où la France promettrait sa neutralité, l'Ambassadeur avait pour instruction d'exiger, comme gage, la remise de Verdun et de Toul, qui seraient occupées par les troupes allemandes, pendant toute la durée des hostilités (1).

Un pareil ultimatum, qui plaçait la France dans l'alternative, ou de se battre ou d'accepter des conditions humiliantes auxquelles nul pays indépendant ne pouvait souscrire, constitue, à lui seul, la preuve évidente, manifeste, que l'Allemagne voulait la guerre. Si la France l'eût voulue aussi, quelle occasion cet ultimatum insolite ne lui offrait-il pas? Mais, donnant une preuve irréfragable du désir de paix qui l'animait, elle, la France, au lieu de relever le gant, répondit en se référant à la proposition que le Gouvernement britannique venait de faire d'arrêter, de tous côtés, les préparatifs militaires (2).

Le piège était éventé. Force était de trouver autre chose. Ce fut tôt fait.

Le 3 août, à 13 heures 5, le Chancelier de l'Empire télégraphiait à son Ambassadeur à Paris (3) pour l'inviter à déclarer que l'Allemagne se considérait comme en guerre avec la France parce que les troupes françaises avaient franchi la frontière allemande à Montreux-Vieux ainsi que « sur la route de montagne des Vosges » et que

---

(1) Documents allemands relatifs à l'origine de la guerre, n° 491.
(2) *Ibid.*, n° 571.
(3) *Ibid.*, n° 734.

des aviateurs français avaient cherché à détruire des voies ferrées en Allemagne et jeté des bombes notamment à Nuremberg.

L'accusation visant le franchissement de la frontière allemande par nos troupes était hypothétique. Aucune preuve ne l'appuyait. Les renseignements sur les agressions reprochées à nos aviateurs étaient faux. La moindre enquête en eût établi immédiatement l'inanité. Dès le 2 août, c'est-à-dire *avant* l'envoi, par M. von Bethmann Hollweg, du télégramme invitant M. de Schoen à remettre la déclaration de guerre, le Ministre de Prusse à Munich avisait spontanément l'office impérial des Affaires étrangères à Berlin (1) que l'information « d'après laquelle des aviateurs français auraient jeté des bombes dans les environs de Nuremberg n'a reçu jusqu'ici aucune confirmation. On n'a vu que des avions inconnus qui ne ressemblaient pas à des appareils militaires. Le lancement des bombes n'est pas établi et encore moins la nationalité française des aviateurs ». Il y a plus. Au moment où M. von Bethmann Hollweg expédiait ce télégramme qui allait coûter la vie à dix millions d'êtres humains, il avait, — ce qui aurait dû, si toute cette affaire eût été autre chose que la recherche d'un prétexte, le rendre moins prompt à faire état de prétendues incorrections commises par nos troupes — il avait reçu déjà six protestations du Gouvernement luxembourgeois (2), une du Gouvernement suisse (3) et deux du Gouvernement français (4) relatives à des violations de frontières commises par les troupes allemandes, violations formelles, précises, dûment constatées, à la différence des hypothétiques irrégularités dont l'Allemagne excipait contre nous.

L'une des violations évoquées par le Gouvernement français était particulièrement caractéristique. Le 2 août, à 9 heures 50, c'est-à-dire près de 36 heures avant la déclaration de guerre de l'Allemagne, une patrouille du 5ᵉ régiment prussien de chasseurs à cheval avait pénétré sur notre territoire jusqu'aux abords de Joncherey, à plus de 10 kilomètres de la frontière, (on sait que, pour prévenir en ce qui nous concernait toute chance de conflit, nos troupes, pendant toute la période de tension, avaient été maintenus à 10 kilomètres de la frontière). Son commandant, le lieutenant Meyer, tuait d'un coup de revolver le chef d'un de nos postes et était tué à son tour, d'une balle, pendant qu'il essayait de gagner le large. Il ne s'agissait donc pas là, comme dans les cas que nous reprochaient les allemands, d'un fait vague, imprécis, d'une allégation sans preuves. Le corps du lieutenant Meyer était resté dans nos lignes et nous avions fait prisonniers deux de ses hommes. L'un et l'autre, interrogés, avaient d'ailleurs déclaré que leur chef avait reçu de ses supérieurs l'ordre formel de patrouiller en territoire français.

Si la France avait voulu la guerre, elle avait là tous les éléments d'un *casus belli*. Elle se contenta de protester.

Ainsi, la France ne déclarait pas la guerre pour des violations de frontières flagrantes. L'Allemagne la déclarait pour d'hypothétiques incorrections dont la plus grave était déjà démentie par son Ministre à Munich.

Ces faits sont trop patents, trop probants pour qu'il soit possible d'épiloguer. Aussi les allemands se sont-ils avisés d'une échappatoire. La déclaration de guerre à la France ne serait que la suite forcée de la déclaration de guerre à la Russie, conséquence, elle-même, de l'affaire serbe. Et celle-ci, le Gouvernement impérial n'y était

---

(1) Documents allemands, n° 758.
(2) Documents allemands, n°ˢ 602, 619, 637, 638, 644, 647.
(3) *Ibid.*, n°ˢ 681, 701.
(4) *Ibid.*, n°ˢ 705, 722.

pour rien. Il n'avait connu qu'après sa remise l'ultimatum autrichien. Son rôle s'était borné à donner, après coup, des conseils de modération.

Il y a, à cette tentative apologétique, un précédent. Durant cent cinquante années, en dissimulant ou maquillant les documents officiels, la Prusse a réussi à faire admettre que Frédéric II, au début de la guerre de Sept ans, n'avait pris les armes que pour se défendre, menacé qu'il était par l'encerclement d'une coalition européenne, et c'est seulement en 1894 que purent être produites les preuves de l'agression préméditée du roi contre la Saxe. Mais ce qui était, aux XVIIIe et XIXe siècles, loisible à un pays victorieux, ne l'est plus, au 20e, à des vaincus. La révolution qui, à Berlin, à Vienne, balaya les trônes, a, en même temps, ouvert les archives impériales. Tout n'est pas encore publié, mais ce qu'on connaît permet déjà d'établir que le Gouvernement de Guillaume II a su tous les détails et encouragé toutes les conséquences de l'ultimatum autrichien à la Serbie.

Dès le 5 juillet 1914, l'Ambassadeur d'Autriche-Hongrie à Berlin qui venait, au cours d'une audience spéciale, d'exposer à l'Empereur allemand les griefs et les plans de son Gouvernement à l'égard de la Serbie, télégraphiait (1) que Guillaume II était d'avis de ne pas différer l'action projetée contre ce pays. « Même si l'on devait en venir à une guerre entre l'Autriche-Hongrie et la Russie, nous pourrions être convaincus que l'Allemagne, avec sa fidélité habituelle à l'Alliance, se tiendrait à nos côtés... L'Empereur regretterait que nous laissions passer sans l'utiliser, le moment actuel si favorable pour nous ». Le lendemain, après un entretien avec le Chancelier de l'Empire, le comte Szogyény télégraphiait (2) « j'ai compris que le Chancelier de l'Empire, tout comme son Auguste maître, envisage une action immédiate de notre part contre la Serbie comme la solution la plus radicale et la meilleure de nos difficultés dans les Balkans. Au point de vue international, il considère l'instant actuel comme plus favorable qu'un instant plus reculé ».

Il serait facile de multiplier les preuves que, au cours de la crise serbe, le Gouvernement allemand a tout connu et que, loin d'exercer une action modératrice, il n'a cessé de pousser aux solutions violentes. Le 8 juillet, le Président du Conseil des Ministres d'Autriche-Hongrie écrit à son collègue hongrois le comte Tisza (3) « Tschirschky, qui vient de me quitter, m'a informé qu'il avait reçu de Berlin un télégramme par lequel son Auguste maître l'avait chargé de déclarer avec *insistance* (4) qu'à Berlin on s'attendait à une action de la monarchie contre la Serbie et qu'on ne comprendrait pas, en Allemagne, que nous laissions passer l'occasion sans porter un coup. Des autres déclarations de l'ambassadeur, j'ai pu conclure qu'on interpréterait en Allemagne une transaction de notre part avec la Serbie comme un acte de faiblesse qui pourrait ne pas rester sans répercussion sur notre situation dans la Triple Alliance et sur la politique future de l'Allemagne ». Le 12, le comte Szyogyény mandait encore à son Gouvernement (5) « non seulement S. M. l'Empereur Guillaume ainsi que les autres dirigeants d'ici se tiennent fermes et fidèles à l'Alliance, derrière la monarchie, mais encore l'encouragent avec la plus vive insistance à ne pas laisser échapper l'occasion actuelle, mais à agir très énergiquement contre la Serbie et à en finir une fois pour toutes avec ce nid de conspirateurs, en nous laissant entièrement le choix des moyens

---

(1) Pièces diplomatiques relatives aux antécédents de la guerre de 1914 publiées par la République d'Autriche, I, n° 7.
(2) *Ibid.*, I, n° 7.
(3) Pièces diplomatiques d'Autriche, I, n° 10.
(4) Souligné dans le texte.
(5) *Ibid.*, I, n° 15.

que nous considérerions comme opportuns ». Et si ces documents pouvaient laisser
un doute sur les intentions de l'Empereur allemand, celui-ci se chargerait lui-même de
dissiper toute équivoque. En marge d'une dépêche dans laquelle son ambassadeur à
Vienne exposait, le 30 juin 1914, c'est-à-dire au début de la crise, qu'il profitait de toute
occasion pour déconseiller des mesures précipitées, Guillaume II a écrit de sa main :
« C'est très bête... avec les Serbes, il faut en finir, et *le plus tôt possible.* » (1).

Il va de soi que le Gouvernement allemand était tenu très exactement au courant
de tous les développements de l'action montée par l'Autriche contre la Serbie. On ne saurait mentionner, ici, les nombreux documents qui l'établissent. Les extraits suivants
d'un rapport que le chargé d'affaires de Bavière à Berlin a adressé à Munich le 18 juillet
1914 (2) suffisent, d'ailleurs, à montrer avec quels détails, quelle ponctualité la Ball-
platz informait la Wilhelmstrasse, avec quelle ardeur, d'autre part, l'Allemagne incitait
l'Autriche à agir. « La démarche que le Cabinet de Vienne a décidé d'entreprendre à Belgrade, et qui consistera dans la remise d'une note, aura lieu le 25 de ce mois (3). La remise de toute action jusqu'à ce moment-là a pour motif qu'on désirerait attendre le départ de MM. Poincaré et Viviani de Pétersbourg pour ne pas faciliter aux Puissances de
la Duplice une entente en vue d'une contre-action éventuelle. Ainsi que me l'a dit
M. Zimmermann, la note, d'après ce qui a été établi jusqu'ici, contiendrait les exigences suivantes : 1° une proclamation du roi de Serbie dans laquelle il serait dit que
le Gouvernement serbe est entièrement étranger à l'agitation panserbe et la désap-
prouve; 2° l'ouverture d'une enquête contre les complices de l'attentat de Serajevo et
la participation d'un fonctionnaire autrichien à cette enquête; 3° des poursuites contre
tous ceux qui ont participé au mouvement panserbe... Il est évident que la Serbie ne
peut accepter de pareilles conditions qui sont incompatibles avec sa dignité d'État indépendant. La conséquence sera donc la guerre. Ici, on admet très bien que l'Autriche
profite de l'heure favorable, même au risque de complications ultérieures. Mais le
point de savoir si véritablement, à Vienne, on aura l'énergie de le faire paraît à
M. de Jagow ainsi qu'à M. Zimmermann, encore fort douteux. Le sous-secrétaire
d'État a déclaré que l'Autriche-Hongrie, grâce à son indécision et à son inconséquence,
était devenue, comme autrefois la Turquie, l'homme malade de l'Europe, dont les
Russes, les Italiens, les Roumains, les Serbes et les Monténégrins attendaient le partage. Une vigoureuse et heureuse intervention en Serbie amènerait les Autrichiens et
les Hongrois à avoir de nouveau conscience d'être un État puissant, relèverait la vie
économique de sa prostration et contiendrait, pendant des années, les aspirations
étrangères... On est d'avis, ici, qu'il s'agit pour l'Autriche d'une heure décisive et,
pour cette raison, on a déclaré ici sans hésitation, en réponse à une demande de Vienne,
que nous approuvions toute résolution qui serait prise à Vienne, même au risque d'une
guerre avec la Russie... A Vienne, on ne paraît pas s'être attendu à une intervention,
si dépourvue de réserve, de l'Allemagne en faveur de la monarchie du Danube et
M. Zimmermann a l'impression qu'il était presque désagréable aux autorités toujours
craintives et indécises de Vienne de n'être pas exhortées, par les Allemands, à la prudence et à la modération. »

Ce rapport du docteur de Schœn prouve à l'évidence que, dans l'affaire serbe, l'Allemagne, tenue au courant de tous les détails, poussait l'Autriche au devant d'un
conflit. Il témoigne, en même temps, que la France et l'Angleterre étaient, au con-

---

(1) Documents allemands n° 7.
(2) Documents allemands, Annexe IV, n° 2.
(3) C'est à cette date que le ministre impérial et royal à Belgrade a rompu avec la Serbie. La note
avait été remise le 23.

traire, animées de sentiments pacifiques. Les passages que nous venons de reproduire sont, en effet, suivis de la phrase suivante : « M. Zimmermann admet que l'Angleterre, aussi bien que la France, qui ne peuvent guère désirer la guerre en ce moment, agiront sur la Russie dans un sens pacificateur ». M. Zimmermann était, à l'époque, sous-secrétaire d'État à l'Office impérial des Affaires étrangères. Il était, sans doute, mieux informé que ne le sont les correspondants des *Süd. Monatshefte*. Son témoignage que ni l'Angleterre ni la France ne désiraient la guerre en 1914, paraît avoir plus de poids que les accusations de tendances belliqueuses si inconsidérément lancées contre nous par cette revue.

Les précisions que nous venons de donner, en mettant la France hors de cause, prouvent, sans conteste, la responsabilité complète de l'Allemagne dans l'aventure austro-serbe. L'incident ainsi provoqué serait-il, du moins, localisé ? L'Angleterre, les États-Unis, la France s'y employaient. Inopinément, dans la nuit du 31 juillet au 1er août, à minuit, l'ambassadeur d'Allemagne à Pétersbourg se rendit chez le Ministre des Affaires étrangères et le fit réveiller pour lui remettre une note (1) portant que l'Allemagne, à raison de la mobilisation générale russe, avait déclaré l'état de menace de guerre et que la mobilisation suivrait si, dans le délai de douze heures, la Russie n'arrêtait pas toute mesure de guerre contre l'Allemagne et l'Autriche et ne faisait pas une déclaration précise dans ce sens.

Il est exact que la Russie venait de mobiliser. Mais elle avait, pour le faire, d'excellentes raisons et l'Allemagne, elle, n'en avait aucune de la chicaner là-dessus. A ce moment, la situation était si grave que, en Europe, tous les pays prenaient des précautions analogues, jusqu'à la Hollande qui, presque à la même heure, appelait sous les drapeaux ses troupes territoriales (2). L'Autriche-Hongrie n'était pas restée en arrière. Un télégramme de l'ambassadeur impérial et royal à Berlin (3), en date du 30 juillet, nous apprend que son attaché militaire « après un entretien très important avec le chef de l'état-major général allemand, venait d'envoyer au baron Conrad (le chef de l'état-major austro-hongrois) un télégramme d'après lequel le comte de Moltke nous conseille instamment la mobilisation générale immédiate ». Et il résulte d'un procès-verbal du sous-secrétaire d'État à l'Office impérial des Affaires étrangères (4) que la décision de procéder à la mobilisation générale fut prise, en effet, par l'Autriche-Hongrie, le 30 juillet. L'ordre de mobilisation partit le lendemain 31.

C'était assez pour justifier les mesures de mobilisation adoptées par la Russie. Celle-ci avait, au surplus, d'autres motifs encore. Le chancelier allemand reconnaît lui-même, dans un télégramme à son ambassadeur à Londres (5), que la mobilisation générale russe pouvait avoir été provoquée par les bruits qui s'étaient répandus d'une mobilisation générale de l'Allemagne. On sait que, le 30 juillet, un journal très officieux et dont le Gouvernement allemand se servait habituellement pour la communication des nouvelles qu'il voulait répandre dans le public, le *Lokal Anzeiger*, avait, par une édition spéciale, annoncé que la mobilisation générale venait d'être décrétée en Allemagne. L'information fut, plus tard, démentie ; mais en des termes qui laissaient place aux plus troublantes suppositions. En fait, l'ambassadeur de Russie à Berlin avait, le jour même, télégraphié à Pétersbourg (et le Gouvernement allemand le savait) [6] que l'Allemagne avait mobilisé.

---

(1) Documents allemands n° 490.
(2) Documents allemands n° 516.
(3) Pièces... de l'Autriche, III, n° 34.
(4) Documents allemands n° 498.
(5) Documents allemands n° 488.
(6) Documents allemands n° 490.

Il était donc explicable, naturel, que la Russie eût adopté, de son côté, les précautions nécessaires pour ne pas être prise au dépourvu si l'orage qui menaçait venait à éclater sur sa frontière (1). La mesure à laquelle elle avait recouru ne présentait, d'ailleurs, en soi, rien d'inquiétant. Ainsi que M. von Bethmann Hollweg le remarquait lui-même dans un télégramme qu'il avait adressé, l'avant-veille, à son ambassadeur à Vienne (2) la mobilisation russe ne signifiait pas du tout la guerre, comme c'eût été le cas dans l'Europe occidentale. En 1913, les armées du tsar étaient restées de longs mois mobilisées le long de la frontière sans qu'aucun conflit s'ensuivit.

Rien ne justifiait donc la démarche, à tous égards insolite, que constituait la remise de la note que le comte Pourtalès avait apportée à M. Sazonov au milieu de la nuit du 31 juillet au 1er août. On ne peut l'expliquer que par l'intention, dès lors arrêtée, de l'Allemagne, de provoquer des complications.

Cette note, toutefois, si elle prévoyait un délai anormalement bref pour la réponse, concluait simplement que, dans le cas où la Russie n'interromprait pas sa mobilisation, l'Allemagne mobiliserait à son tour. Il n'y était pas question d'autre chose. Il n'y était pas question de guerre ni même de rupture. Cette note ne constituait donc pas un ultimatum.

M. Sazonov, quand le comte Pourtalès la lui remit, répondit (3) que l'Allemagne s'exagérait l'importance de la mobilisation russe. Il rappela que le tsar venait de donner à l'Empereur allemand sa parole d'honneur que les troupes russes ne se livreraient à aucune action provocatrice. Sur la question précise qui lui était posée, il argua de l'impossibilité technique d'arrêter les mesures militaires en cours.

Cette excuse était des mieux fondées. Le même jour où M. Sazonov l'invoquait ainsi, Guillaume II, sollicité de suspendre ses opérations militaires contre la France, télégraphiait au roi d'Angleterre (4) que « pour des raisons techniques » sa mobilisation devait se poursuivre sur les fronts occidentaux comme elle avait été préparée. Si un organisme merveilleusement au point, ainsi que l'étaient alors les armées allemandes, ne pouvait interrompre ses opérations de mobilisation, combien plus grande encore la difficulté ne devait-elle pas être pour les troupes du tsar ?

Ainsi, l'objection de M. Sazonov était absolument topique. Nous avons vu plus haut que, par ailleurs, la note que lui avait remise le comte Pourtalès ne constituait pas un ultimatum. Faute de réponse satisfaisante, l'Allemagne annonçait simplement qu'elle mobiliserait; rien de plus.

Cependant, quelques heures à peine après l'expiration du délai imparti à M. Sazonov et bien qu'aucun fait nouveau ne fût intervenu entre temps, l'Allemagne déclarait la guerre à la Russie (5) sans essayer aucune explication de cette décision qui était,

---

(1) On a cherché, en Allemagne, à tirer parti des déclarations faites, au cours de son procès, par le général Soukhomlinov, pour soutenir que la mobilisation générale russe avait été ordonnée dès le 29 juillet. Ces soi-disant révélations ne sont nullement probantes. Elles se trouvent en opposition avec les informations contenues dans les « Documents allemands relatifs à l'origine de la guerre », notamment dans le télégramme publié sous le numéro 488 et où M. von Bethmann-Hollweg dit que la mobilisation générale russe a été ordonnée le 31. Un point, en tout cas, est hors de doute. Quand le Gouvernement allemand reçut le premier avis de la mobilisation générale russe (documents allemands n° 473), il savait déjà (documents allemands n° 468) que l'Autriche avait procédé à la mobilisation générale. Il ne pouvait, dès lors, considérer les mesures prises à Pétersbourg que comme une réponse, commandée par la prudence la plus élémentaire, aux mesures prises à Vienne. Rien ne justifie donc la mise en demeure brutale qu'il notifia, brusquement, à M. Sazonov, et d'où la guerre allait sortir.

(2) Documents allemands n° 385.

(3) Documents allemands n° 536.

(4) Documents allemands n° 575.

(5) Documents allemands n° 542.

nous venons de le voir, en opposition avec les termes de sa précédente note, sans invoquer d'autres motifs que le « danger grave et imminent » résultant de la mobilisation générale russe — sans s'aviser du ridicule, ou de l'odieux, qu'il y avait, pour le plus puissant empire du monde, appuyé sur l'Autriche-Hongrie, la Turquie, la Bulgarie, à se dire menacé parce que l'immense mais débile Russie mobilisait — sans se rendre compte de la situation paradoxale où elle se mettait en volant ainsi aux armes pour la cause de la double monarchie qui, elle, était toujours en paix et devait le rester plusieurs jours encore, car c'est seulement le 6 août que le Cabinet de Vienne s'est finalement décidé, à la suite, d'ailleurs, de démarches instantes et réitérées de son impatiente alliée (1), à rompre avec la Russie.

Les faits que nous venons de rappeler, et dont l'exactitude ne saurait être suspectée par les *Süd. Monatshefte,* puisque tous sont établis par des documents officiels, allemands ou autrichiens, pourraient paraître assez probants en eux-mêmes pour qu'il fût superflu de discuter davantage sur les responsabilités de l'Allemagne dans la guerre mondiale. Cependant, puisque cette revue a cherché à rouvrir la question, examinons son argumentation.

M. von Meinel, nous l'avons vu, invoque (p. 323) comme une preuve que l'Allemagne ne voulait pas la guerre, le fait que ce pays n'avait pas constitué d'approvisionnement spécial en matières premières, ce qui eût été une précaution élémentaire s'il avait envisagé l'ouverture d'hostilités, car alors le blocus ne devait plus lui permettre de se ravitailler au dehors.

Absence, en Allemagne, de préparatifs d'ordre économique. — Nous ne ferons pas à M. von Meinel, qui est un ancien ministre du commerce, l'injure de croire qu'il prend un semblable argument au sérieux. En fait, il eût été à peu près impossible d'accumuler, par avance, les quantités énormes de matières premières dont l'Allemagne aurait eu besoin pour une guerre prolongée. Personne, d'ailleurs, ne semblait croire, à Berlin, qu'une pareille précaution pût être utile. D'une part, un blocus ne devait être efficace que si l'Angleterre se liguait contre l'Allemagne et, jusqu'au dernier moment, le Gouvernement allemand comme le public allemand se sont refusés à admettre une pareille éventualité. Public et gouvernement, d'autre part, croyaient que la guerre serait très courte. L'État-major général prussien comptait pouvoir abattre la France en quatre semaines (Doc. all. IV, dernier paragraphe de l'annexe à l'ann. IV). Or, en 1914, l'Allemagne, devenue comme un emporium mondial pour les marchandises les plus importantes, avait toujours, dans ses entrepôts, un stock de matières premières suffisant pour assurer, pendant une assez longue période, le fonctionnement de ses industries. Le cas échéant d'ailleurs, elle devait pouvoir — l'événement l'a montré — se ravitailler dans une large mesure par l'intermédiaire des pays neutres. A quoi bon, dès lors, constituer des approvisionnements extraordinaires, dont l'utilité paraissait des plus douteuses étant donné la brièveté escomptée de la guerre, qui eussent occasionné des dépenses énormes et n'auraient pas manqué de révéler, prématurément, les intentions belliqueuses de l'Allemagne?

Prospérité de l'industrie et du commerce allemands. — L'argument, tiré, par M. von Meinel, de l'avantage que ce pays, au point de vue de son développement économique, avait au maintien de la paix est plus fragile encore. Tout le monde, aujourd'hui, est d'accord que la déclaration de guerre a été, pour l'Allemagne de 1914, un acte de folie. Mais, en 1914, il s'en fallait que tout le monde raisonnât ainsi de

---

(1) Pièces... de l'Autriche, III, n°⁵ 138 et 153. Documents allemands n°⁵ 814, 870, 874, 875.

l'autre côté du Rhin. Dans des cercles nombreux, influents, l'opinion se généralisait, au contraire, que la prolongation de la paix armée comportait un effort financier dont le pays ne serait bientôt plus capable. Déjà, les résultats du *Wehrbeitrag* avaient causé une grosse déception en montrant les limites de la richesse nationale. Par ailleurs, si l'industrie, le commerce étaient florissants, leurs progrès — merveilleux — reposaient sur une base fragile, un système de crédits prolongés, de dumping, qui, à la longue, pouvait comporter des risques graves. Une guerre, courte et heureuse, eût assaini la situation et affermi en même temps la primauté économique de l'Allemagne. Nombre de grands industriels, de grands négociants, loin de la redouter, voyaient donc venir avec faveur le moment où la paix serait rompue. De leur côté, les hobereaux, les junkers, appréhendaient que le développement industriel n'eût bientôt pour corollaire l'avènement, en Allemagne, des tendances démocratiques, ce qui aurait signifié la fin de leur hégémonie. Ils appelaient, par suite, de leurs vœux, une guerre qui devait consolider la position de la caste aristocratique et militaire. Enfin, l'alliée, l'Autriche-Hongrie, était à bout de souffle. Depuis 1913, à Vienne, à Budapest, on se débattait dans des difficultés financières. Les mobilisations successives, motivées par les événements des Balkans, avaient, au point de vue économique, épuisé les ressources de la double monarchie. Ces manifestations avortées avaient, en même temps, affaibli, au point de vue politique, le prestige de l'Autriche. A Vienne, l'organe des milieux financiers, la *Neue Freie Presse*, avait, à la fin de 1913, commencé une campagne dont le *leit motiv* était que la tension militaire et économique ne pourrait être prolongée très longtemps, que l'Autriche, sous peu, devrait abdiquer ou en découdre. A Berlin, les documents que nous avons cités plus haut en témoignent, on considérait que, sans un acte de vigueur, qui rendrait à la double monarchie, ensemble son prestige vis-à-vis des États slaves des Balkans et la conscience d'être une grande puissance, l'alliée ne serait bientôt plus en état de jouer le rôle que l'Allemagne avait réservé à son brillant second.

Le moment paraissait d'ailleurs exceptionnellement favorable pour réagir. On trouve dans certains des « Documents allemands relatifs à l'origine de la guerre (1), l'énumération complaisante des circonstances qui semblaient devoir paralyser la Triple Entente — en Russie, multiples grèves à caractère révolutionnaire, chemins de fer stratégiques encore inachevés, manque d'obusiers ; — en Angleterre, crise de l'Ulster ; — en France, les nouvelles batteries lourdes non encore livrées aux troupes, l'instruction de celles-ci momentanément compromise par la complication résultant de l'introduction récente du service de trois ans. Résumant l'impression des milieux militaires, le chef de l'État-major général prussien avait déclaré que « le moment était si favorable qu'il ne pouvait pas s'en présenter de semblable avant un temps impossible à prévoir » (2).

M. von Meinel abuse donc le lecteur quand il prétend que l'Allemagne, en 1914, « ne pouvait pas avoir voulu la guerre ».

«Pacifisme» de Bismarck, de Moltke et de Guillaume II. — M. Endres joue lui-même sur les mots quand il essaye (p. 338), de faire croire aux sentiments pacifiques de Bismarck, de Moltke, de Guillaume II. Du premier, il cite un passage de ses *Mémoires* où le Chancelier de Fer déclare qu'une guerre, même victorieuse, n'est justifiée que si elle a été imposée. Mais il n'explique pas comment, si tels étaient vraiment ses principes, Bismarck a pu, en 1864, provoquer une guerre avec le Danemark

---

(1) Cf. notamment n° 169 et annexe IV, n° 27.
(2) Doc. All., annexe IV, n° 27.

qui, certes, ne cherchait pas à attaquer la Prusse; en 1866, pousser son souverain à rompre avec l'Autriche; en 1870, falsifier la dépêche d'Ems de manière à rendre inévitable un conflit avec la France. — De Moltke, M. Endres reproduit un discours prononcé, en 1890, au Reichstag et jetant l'anathème sur le premier qui déchaînerait la guerre en Europe. Mais, si le vieux maréchal parlait ainsi un an avant sa mort, il avait, autrefois, proclamé que la disparition de la guerre était « un rêve et un mauvais rêve ». La guerre, il la haïssait si peu que, dans sa jeunesse, il avait été chercher jusqu'en Syrie des occasions de se battre et que, en 1864, il n'avait pas hésité, lui Danois, ancien officier danois, fils d'un général danois, à porter, tel un reître n'ayant pour patrie que l'étendard de son régiment, les armes contre le Danemark.

A quoi tend, au surplus, cette évocation de Moltke et de Bismarck ? Ils étaient morts depuis longtemps quand Guillaume II nous a déclaré la guerre. Celui-ci, M. Endres veut également le faire passer pour un pacifique, sous prétexte que, deux fois, pendant l'affaire des Boërs et au moment du conflit russo-japonais, il n'a pas voulu profiter d'occasions favorables pour une guerre préventive. Mais, M. Endres est-il certain que, en 1899, en 1904, les circonstances fussent si propices pour l'Allemagne ? Puis, prouver que Guillaume II était pacifique en *1899*, en *1904*, ce ne serait rien prouver contre la démonstration que nous avons faite plus haut que, en *1914*, il voulait la guerre. L'Ambassadeur de France à Berlin, dans une dépêche publiée au Livre Jaune (1914, n° 6), écrivait, le 22 novembre 1913 « l'Empereur a cessé d'être partisan de la paix ». Tout le monde admet, avec M. J. Cambon, — avec M. Endres — que Guillaume II ait pu être, autrefois, pacifique. Mais, en dix années, il arrive souvent que les sentiments d'un homme, d'un souverain, se modifient. L'événement a montré que notre Ambassadeur ne se trompait pas quand il avançait que le pacifisme, dès 1913, avait cessé chez l'Empereur allemand.

Les deux autres arguments des *Süd. Monatshefte* sont, nous l'avons vu, tirés des télégrammes de M. Isvolski publiés récemment dans le *Berliner Tageblatt* et d'indications relatives à une mission dont l'un des aides de camp du Tsar aurait été chargé à Berlin. Voici, textuellement, la phrase où ils se trouvent exposés (p. 317) :

« Maintenant, nous savons et nous pouvons prouver, par les dépêches d'Isvolski à Sazonov publiées dans le *Berliner Tageblatt* du 28 décembre 1922, édition du matin, que Delcassé, alors Ambassadeur de France à Pétersbourg, s'était, en 1913, entendu avec le Ministre russe des Affaires étrangères sur la guerre et sur les buts de guerre. Récemment, nous avons été mis à même de faire connaître que l'aide de camp du tsar russe Tatschischew (*sic*) qui, pendant les jours critiques, devait être envoyé à Berlin avec une lettre du tsar à l'empereur allemand, a été empêché, par Sazonov personnellement, d'accomplir son voyage ».

Mission du général Tatichtchev. — Le « Tatschischew » ici mentionné est, sans doute, le général Tatichtchev, attaché à la personne de l'empereur Allemand, auprès de qui il représentait Nicolas II. Nous savons, par un télégramme du tsar à Guillaume II (1) qu'il avait décidé, le 30 juillet, de l'envoyer à Berlin « avec des instructions ». Le général paraît avoir interrompu son voyage en cours de route. Les *Süd. Monatshefte* accusent M. Sazonov de l'avoir empêché d'accomplir sa mission et ils cherchent à tirer de ce fait la conclusion que le ministre russe des Affaires étrangères voulait la guerre.

Si les rédacteurs de la revue avaient pris la peine de tourner les quelques pages

---

(1) Doc. All., n° 390.

qui, dans les Documents allemands relatifs à l'origine de la guerre, suivaient celles où est reproduit le télégramme précité du tsar, ils auraient vu (1), en marge d'un rapport du chancelier à l'empereur, l'annotation suivante, de la main même de Guillaume II : « L'envoi de Tatichtchev et le désir que les mesures de mobilisation n'arrêteront pas mon rôle de médiateur sont choses enfantines et ont exclusivement pour but de nous mettre dans le pétrin ».

Étant donné les dispositions dont l'Empereur témoignait ainsi à l'égard de la mission du général Tatichtchev, il semble bien indifférent que celui-ci ait pu, ou non, remplir sa mission.

Les *Süd. Monatshefte,* au surplus, n'apportent aucune preuve à l'appui de leur allégation que M. Sazonov s'est opposé au voyage du général. Une chose, en tout cas, est certaine. Si M. Sazonov, ce qui n'est pas prouvé et est sans intérêt dans la circonstance, a empêché l'exécution d'une mission que Guillaume II qualifiait d'« enfantine », il n'a pas, et ceci est essentiel, empêché l'envoi du télégramme par lequel le tsar demandait (2) que l'incident austro-serbe fût déféré à la Conférence de La Haye. Accueillir cette suggestion, c'était évidemment, sûrement, fermer la porte à toute chance de guerre. Au lieu de saisir l'occasion, on sait que le Gouvernement allemand a dissimulé, le plus longtemps qu'il a pu, ce télégramme. L'empereur, lui, pour prévenir toute équivoque au sujet de ses sentiments, avait, sur l'original qui lui fut remis, marqué d'un ironique point d'exclamation, la phrase de Nicolas II : « It would be right to give over the Austro-Serbian problem to the Haye conference ». Et son attaché militaire à la Cour de Russie lui ayant rapporté (3) une conversation au cours de laquelle un des confidents du tsar, le prince Troubetskoï, avait manifesté l'espoir que l'Allemagne donnerait à l'Autriche le conseil « de laisser les Puissances ou la Cour d'arbitrage de La Haye décider des points litigieux », Guillaume II, sur le télégramme du général de Chelius, souligna d'un double trait les mots « Cour d'arbitrage de La Haye » et écrivit, en marge « folie ».

Qui voulait la paix, qui voulait la guerre, de Guillaume II, de Nicolas II, de M. Sazonov ?

Télégrammes de M. Isvolski. — Reste l'argument tiré des télégrammes de M. Isvolski.

Le numéro du *Berliner Tageblatt* du 28 décembre dernier consacre, à ces documents, toute sa première page et deux colonnes sur trois de la seconde. Mais les télégrammes mêmes n'occupent, dans cette publication, qu'une place restreinte. Ils sont comme noyés dans un commentaire beaucoup plus étendu, écrit sur le ton de la polémique la plus virulente, et qui, d'ailleurs, tend à donner, du texte qu'il accompagne, l'idée la plus inexacte.

A lire ce factum, on croirait que c'est l'actuel Président du Conseil des Ministres français qui est mis en cause par les télégrammes Isvolski. Dans les commentaires du *Berliner Tageblatt,* son nom est le premier mot qu'on rencontre, et ce nom est répété 14 (quatorze) fois au cours de l'article qui, en fait, est surtout une attaque contre M. Poincaré. Or, dans les télégrammes mêmes que publie le journal berlinois, pas une seule fois M. Poincaré n'est nommé. Il était, à l'époque, Président de la République. Rien n'eût été plus naturel, plus normal qu'une mention, tout au moins une allusion. Les télégrammes de M. Isvolski sont muets, absolument, sur M. Poincaré.

---

(1) *Ibid.*, n° 399.
(2) Doc. all., n° 366.
(3) Documents allemands, n° 337.

Ce détail suffit à montrer dans quel esprit a été rédigé le commentaire du *Berliner Tageblatt*. Sa thèse même peut se résumer comme il suit : Les télégrammes de M. Isvolski établissent que, au cours de l'année 1913, « à un moment où aucune guerre avec l'Allemagne n'était en vue » (als ein Krieg mit Deutschland gar nicht in Sicht war), M. Delcassé et M. Sazonov se sont entretenus de la guerre et des buts de guerre. Eux et leurs tenants désiraient donc un conflit; ils l'appelaient de leurs vœux et lui « ouvraient la porte ». On ne saurait donc rejeter sur l'Allemagne seule toute la responsabilité de la guerre qui a ensanglanté le monde. Les télégrammes Isvolski montrent, en outre, que la France avait, pour but de guerre, la destruction complète (Zertrümmerung), l'anéantissement (Vernichtung) de l'Allemagne. La France croyait qu'on « pouvait et devait anéantir ce peuple de 60 millions d'Européens » et elle comptait arriver ainsi à réaliser ses visées impérialistes, à « dominer l'Europe ». Cela, au moment même où l'Allemagne, protestait contre le programme de paix des associations économiques, « lesquelles ne réclamaient cependant que l'annexion des bassins de Briey et de Longwy », au moment où Bethmann Holweg n'avait qu'un désir : réaliser une paix de réconciliation.

Les détails que nous avons donnés (p. 73) sur les buts de guerre de l'Allemagne, nous dispensent de souligner la cynique hypocrisie de cette affirmation que le Gouvernement impérial ne cherchait qu'une paix de réconciliation avec la France. Il est tout à fait faux, d'autre part, que le programme de paix des six associations économiques se contentât, comme prétend le *Berliner Tageblatt*, des bassins de Briey et de Longwy. Ces groupements, on l'a vu, réclamaient de plus, outre l'asservissement de la Belgique et de vastes extensions en Russie, l'annexion de la région des côtes françaises « à peu près jusqu'à la Somme », avec un large hinterland comprenant les districts houillers du Nord et du Pas-de-Calais, Belfort, les contreforts occidentaux des Vosges, Verdun et la ligne de la Meuse. Quant aux soi-disant protestations qu'un pareil programme aurait suscitées en Allemagne, elles se sont bornées à quelques manifestations, aussi timides que vaines, de rares cercles libéraux. Nous avons montré, par des exemples probants, que, loin de heurter l'opinion publique, les ambitieuses demandes annexionnistes des six associations économiques ne faisaient que répondre aux idées qui étaient alors courantes en Allemagne.

Voilà déjà bien des libertés, bien fâcheuses, prises avec la vérité. Le *Berliner Tageblatt* la respecte-t-il davantage quand il prétend avoir trouvé, dans les télégrammes Isvolski, la preuve que la France cherchait à mettre la guerre à profit pour établir son hégémonie en Europe et « anéantir l'Allemagne »? Une remarque, d'abord. M. Delcassé, dans sa conversation avec M. Isvolski, conversation d'ailleurs provoquée — ce détail a son importance — par l'ambassadeur de Russie, commence par déclarer, explicitement, qu'il avait évité, jusqu'alors, de s'entretenir avec ses collègues de la question des buts de guerre. Il faut donc beaucoup de mauvaise foi pour présenter les considérations que M. Delcassé finit par exposer comme constituant, non ses idées personnelles, mais les vues mêmes du Gouvernement français. Quelles sont, au surplus, ces énonciations que le *Berliner Tageblatt* incrimine ?

Les premiers mots de M. Delcassé à M. Isvolski sont pour affirmer que « la France en Europe, sous réserve naturellement de la restitution de l'Alsace-Lorraine, ne cherchait pour elle-même aucune espèce d'acquisition territoriale » (Keinerlei territoriale Erwerbungen). Pour un homme d'État qu'on veut présenter comme nourrissant des idées impérialistes, des rêves d'hégémonie, il faut avouer que c'est là un singulier exorde. Le reste des déclarations de M. Delcassé est aussi délibérément défiguré dans le commentaire du *Berliner Tageblatt*. Les télégrammes Isvolski ne disent nullement qu'il eût demandé l'anéantissement, la destruction de l'Allemagne. Ils lui attribuent seulement, ce qui est tout-à-fait différent, le vœu que « l'Empire allemand soit anéanti et que la force militaire et politique de la Prusse soient affaiblies dans la mesure du possible ». L'« Empire allemand », la « Prusse », cela ne veut pas dire l'Allemagne. Ce n'est pas celle-ci qui est visée dans cette phrase, mais l'organisation militariste, impérialiste, dominatrice que les Hohenzollern, aidés par le malfaisant génie de Bismarck, avaient installée au centre de l'Europe et qui, depuis un demi-siècle, était une cause perpétuelle d'armements onéreux, d'alertes inquiétantes, d'insécurité.

Le *Berliner Tageblatt*, au surplus, ne nous donne qu'une traduction du télégramme Isvolski, non l'original, et certains avatars survenus à des pièces utilisées par la propagande allemande commandent beaucoup de circonspection dans l'appréciation de semblables documents. Il est possible, aussi, que le sens des paroles attribuées à M. Delcassé, notamment dans le post-scriptum, où on lui fait parler, cette fois, non de la Prusse et de l'Empire allemand, mais de l'« Allemagne », ait été quelque peu accentué par M. Isvolski. La correspondance publiée par le journal berlinois montre que, pour l'ambassadeur de Russie, l'essentiel était un second télégramme où il prêchait la nécessité de « mettre fin à la monarchie des Habsbourg ». Le premier, dans lequel il rappelait sa conversation avec M. Delcassé sur les buts de guerre de la France, avait visiblement pour but de préparer les voies aux considérations développées dans l'autre. M. Isvolski devait, dès lors, être naturellement enclin à représenter le Ministre français des Affaires étrangères comme ayant, à l'égard de l'Allemagne, des plans analogues à ceux que lui-même recommandait en ce qui concernait l'Autriche.

Prenons cependant, tel qu'on nous le donne, le texte publié par le *Berliner Tageblatt*. Il n'a nullement la signification que lui attribue le journal berlinois. Ce texte témoigne, au contraire, de façon évidente, qu'il ne pouvait être, dans la pensée de M. Delcassé, question de la destruction de l'*Allemagne*, ni de l'établissement de l'hégémonie française en Europe. M. Delcassé, en exposant ses vues sur les buts de guerre, fait remarquer, en effet : une première fois, « qu'il ne pouvait s'élever, à cette occasion, aucune espèce de divergence d'opinion entre la Russie, la France et l'Angleterre » ; une deuxième fois, que la destruction de la force politique et économique de l'Allemagne était surtout rendue nécessaire « par suite de la participation de l'Angleterre à la guerre et que le Gouvernement français considérait ce résultat comme d'une égale importance, non seulement pour la France, mais encore pour les autres Puissances, et même pour le monde entier ».

De toute évidence, il ne saurait être question, ici, d'anéantir l'Allemagne, ni de la ruiner, ni d'assurer, en Europe, l'hégémonie française. M. Delcassé avait été trop longtemps aux affaires pour ignorer — tout le monde le savait — que, loin de considérer de pareils résultats comme avantageux pour elle, l'Angleterre s'y serait opposée de toutes ses forces. Du moment où il déclarait que ses buts de guerre ne pouvaient provoquer de divergences avec la Grande-Bretagne, qu'il les recommandait surtout à raison de la participation de cette Puissance aux hostilités, et que leur réalisation serait avantageuse au « monde entier », nul doute que ces buts de guerre n'avaient pas la portée que cherche à leur attribuer le *Berliner Tageblatt*. Très probablement — on peut dire certainement — il ne s'agissait, dans la pensée de M. Delcassé, que de détruire l'*Empire* allemand, c'est-à-dire de jeter bas la façade bismarckienne de l'Allemagne, de mettre un terme au régime de paix armée que la politique de rapine des Hohenzollern avait imposé à l'Europe, de faire cesser la main-mise réalisée en 1866, *ferro et igne*, par la Prusse sur les petits États de l'ancienne Confédération germanique, de réprimer, subsidiairement, en matière économique, cette organisation insidieuse de tarifs différentiels, de primes plus ou moins déguisées, de dumping, qui, de Berlin, pesait sur les échanges internationaux et faussait les conditions de la

Traité de Versailles.

concurrence. C'eût été la fin de l'hégémonie de la *Prusse*. Ce n'eût été ni la ruine, ni l'anéantissement de l'*Allemagne*.

Le *Berliner Tageblatt* dénature tout aussi délibérément la réalité des faits quand il prétend voir, dans les télégrammes Isvolski, la preuve que, dès 1913, la France voulait, espérait la guerre. Voici la traduction littérale du passage où le journal berlinois expose cette thèse :

« Pour tous ceux qui s'occupent de la préhistoire de la guerre et du problème de la responsabilité de la guerre, il est d'un intérêt extraordinaire de voir, par le télégramme d'Isvolski du 30 septembre/13 octobre 1914, que M. Delcassé rappelait à l'ambassadeur les négociations qui avaient eu lieu à Pétersbourg l'année d'avant, 1913, et affirmait qu'on était déjà alors, 1913, arrivé à un accord sur les demandes et désirs de la France. M. Delcassé, ses mandants parisiens et les amis russes s'étaient donc, déjà en 1913, alors qu'une guerre avec l'Allemagne n'était nullement en vue, mis d'accord sur leurs buts de guerre, et ils avaient partagé le butin allemand. ... Ces charlatans de la justice jettent feu et flamme contre « le plus grand crime de l'histoire mondiale » et ils l'espéraient, dès 1913, du plus profond de leur âme. »

Ici encore, il suffit de se reporter au texte même du télégramme de M. Isvolski pour y trouver la réfutation immédiate, catégorique, directe, du commentaire qu'en donne le *Berliner Tageblatt*. L'ambassadeur de Russie y expose, en effet, que M. Delcassé, en réponse à sa demande d'éclaircissements, avait commencé par déclarer que « tout en faisant la remarque préalable qu'il était encore trop tôt pour vendre la peau de l'ours, et que lui-même avait évité jusqu'ici d'aborder ce sujet avec ses collègues, il reconnaissait la convenance d'établir, en temps opportun, les points de vue et désirs réciproques des Alliés ».

Ce télégramme est du 13 octobre 1914. Si, le 13 octobre 1914, M. Delcassé estimait qu'il était trop tôt pour vendre la peau de l'ours, comment admettre qu'il eût déjà en 1913 disposé de cette peau et, suivant le mot du *Berliner Tageblatt*, « partagé le butin allemand ». Pourquoi, d'autre part, M. Isvolski serait-il venu, en octobre 1914, l'interroger sur les buts de guerre de la France; pourquoi M. Delcassé aurait-il répondu en reconnaissant finalement la convenance de s'entendre « en temps opportun » sur les buts de guerre des Alliés, si tout cela avait été, comme le journal berlinois essaie de le faire croire, réglé déjà depuis un an?

Le document même que reproduit le *Berliner Tageblatt* suffit donc, à lui seul, pour réfuter le commentaire dont cet organe a accompagné sa publication. Sans doute, il reste acquis que M. Delcassé et M. Sazonov se sont, en 1913, entretenus de la guerre. Mais inférer, de ce seul fait, que ces deux personnages, que leurs gouvernements, que leurs pays voulaient la guerre, qu'ils l'espéraient « du plus profond de leur âme », c'est abuser vraiment de la crédulité du lecteur.

De fait, en 1913, tous les hommes politiques, tous les diplomates parlaient de la guerre, non, certes, qu'ils la souhaitassent, mais tous voyaient grandir, se rapprocher la menace que la politique de l'Allemagne rendait, chaque jour, plus inquiétante, d'une conflagration européenne. C'était leur métier, leur devoir, d'envisager cette éventualité. Elle était l'objet naturel de leurs entretiens. Si le *Berliner Tageblatt* croit vraiment qu'en 1913, « une guerre avec l'Allemagne n'était nullement en vue », que M. Delcassé et M. Sazonov étaient seuls alors à parler des chances de conflit, il témoigne d'une ignorance singulière des faits. Et pour découvrir un ambassadeur devisant de la guerre, le journal berlinois n'avait pas besoin de fouiller en des archives plus ou moins secrètes, d'exhumer des documents plus ou moins authentiques. Dans une publication officielle, que tout le monde peut consulter, le Livre Jaune de 1914, I, sur la guerre européenne, il pouvait trouver, page 20, le compte rendu d'une longue et importante conversation de notre Ambassadeur à Berlin, tenue en 1913, et dont le sujet était la guerre.

On conçoit, d'ailleurs, que le *Berliner Tageblatt* ait évité de faire allusion à cette dépêche de M. J. Cambon. Notre Représentant y rapporte que l'Empereur Allemand, au cours d'un entretien avec le Roi des Belges, venait de déclarer (ceci se passait en 1913), que la guerre avec la France était « inévitable ». Le Chef du Grand État-Major Prussien s'était exprimé, dans les mêmes termes, avec le Roi Albert.

Un ouvrage qui n'a lui-même rien de secret, le livre du Baron Beyens, l'ancien Ministre de Belgique à Berlin, « l'Allemagne avant la guerre », que le *Berliner Tageblatt* aurait pu se procurer chez n'importe quel libraire, nous apprend encore (1) que, le 6 novembre 1913 (toujours 1913), le Général de Moltke avait insisté, auprès de l'Attaché militaire de Belgique, sur la « nécessité d'une guerre prochaine ». Il avait d'ailleurs, dans la suite, tenu les mêmes propos à d'autres attachés militaires étrangers.

Si, donc, le *Berliner Tageblatt* soutient que, en 1913, aucune guerre avec l'Allemagne n'était en vue, il se met, par là, en contradiction avec l'Empereur Allemand et avec le Chef d'État-Major Prussien. Et si le fait seul qu'ils s'étaient, en 1913, entretenus de la guerre, lui suffit pour accuser M. Delcassé et M. Sazonov de l'avoir voulue, on peut répondre que ces deux hommes d'État avaient, dans la circonstance, le double exemple, la double caution du Roi des Belges, lequel certes n'aspirait qu'à la paix, et de Guillaume II lui-même.

Il n'y a donc, dans les documents du *Berliner Tageblatt*, pas plus que dans les autres arguments évoqués par les *Süd. Monatshefte*, rien qui infirme notre démonstration que l'Allemagne est responsable, seule responsable, de la guerre.

Nous avions établi déjà que, cette guerre, l'Allemagne l'avait perdue, complètement, absolument et, que, le 11 novembre 1918, elle était à l'entière discrétion des Alliés — que le Traité qui avait mis fin aux hostilités comportait, pour le Reich, des conditions infiniment plus douces que celles qu'il nous eût certainement imposées si le sort des armes lui avait été favorable — que l'acte de Versailles, loin d'être, par ses exigences, unique dans l'histoire moderne, supportait, très avantageusement, toutes les comparaisons — que les cessions territoriales qu'il prévoyait étaient on ne peut plus justifiées, que, d'autre part, les prestations mises à la charge de l'Allemagne n'étaient nullement excessives (spécialement les payements et livraisons déjà effectués ne pouvaient être la cause de la crise mondiale ni des difficultés économiques avec lesquelles le Reich est aux prises car leur montant total est encore modique relativement, la France entre autres n'ayant pas même reçu jusqu'ici l'équivalent des réquisitions levées, par les Allemands, pendant la guerre, sur nos populations des régions envahies); d'ailleurs, si le fardeau des réparations paraissait trop lourd, le Traité avait institué, pour y pourvoir, une Commission spéciale pleinement qualifiée pour apprécier la capacité de payement de l'Allemagne, — nous avions établi, enfin, que la France était si peu militariste, si peu impérialiste, qu'elle avait, dès l'armistice, réduit ses dépenses militaires, diminué de moitié la durée du service dans ses troupes et restreint les armements dans la proportion où s'était atténué, pour elle, le péril d'une agression allemande.

De tout ceci, quelles conclusions tirer ? Nous avons déjà exposé celles que les *Süd. Monatshefte* se proposaient de justifier par la publication des huit articles dont nous venons de faire l'analyse. L'Allemagne, suivant cette revue, devait poursuivre,

---

(1) Page 25.

à l'intérieur, à l'étranger, une inlassable agitation pour obtenir l'annulation complète du Traité de Versailles, s'attacher à faire connaître, partout, la vérité sur les fondements comme sur la portée de cet acte et, en attendant que cette campagne ait abouti, résister, résister par tous les moyens, résister dans toutes les circonstances, résister dans toute la mesure du possible.

Dès le préambule, au moment d'entrer en matière, les *Süd. Monatshefte*, comme un premier appel à la résistance, évoquent (p. 318) l'esprit d'Arndt, ce poëte gallophobe dont les chants enflammés ont tant contribué, en 1813, à soulever l'Allemagne contre nous. En même temps, pour mieux faire ressortir, par opposition, les conséquences auxquelles conduit, suivant elle, une politique de conciliation, la revue assure que, au moment de l'armistice, au moment du Traité de Versailles, les Alliés, qui s'attendaient à un refus de l'Allemagne, avaient, en prévision de cette éventualité, préparé d'autres conditions, plus douces.

La même thèse est soutenue tout au long du recueil. Dans l'article intitulé « Comment la flotte allemande de commerce a été livrée » (1), M. von Braun expose, avec un luxe très grand de détails, comment, il fut, au cours des pourparlers de Spa, amené à opposer, aux exigences des Alliés, le « premier non » qui eût été dit par l'Allemagne depuis la signature de l'armistice et combien cette attitude de résistance lui aurait réussi. C'est même semble-t-il, uniquement pour mettre en évidence ce soi-disant succès que l'article a été inséré; car, à part ce détail, dont nous montrerons plus loin d'ailleurs, l'inanité, on voit mal quels arguments la prose de M. von Braun peut bien apporter aux détracteurs du Traité de Versailles.

M. von Meinel, de son côté, explique, dans ses « souvenirs de Versailles » (2) comment il aurait réussi, en tenant tête à des plénipotentiaires alliés trop peu conciliants, et en recourant, sous mains, aux membres d'une autre commission, à obtenir une transaction avantageuse pour l'Allemagne. Nous avons vu, d'autre part, que M. von Lersner, dans son article « la captivité des plénipotentiaires allemands à Versailles », prétend (3) que c'est en le prenant de très haut avec le représentant de la Sûreté générale, M. Houdaille, qu'il aurait obtenu certaines facilités désirées par sa délégation. Enfin, l'article de M. von Müller est une longue exhortation à la résistance.

En une pareille matière, nous n'avons pas de conseils à donner aux lecteurs des *Süd. Monatshefte*. Ils nous permettront, toutefois, de remarquer que, ici encore, cette revue dénature les faits.

Celui que rapporte M. von Braun se réduit, en réalité, à ceci. Au cours des conférences à Spa, le chef de la délégation de l'Entente, l'amiral anglais Hope, aurait essayé de lier par avance, quelque peu prématurément peut-être, la question de la livraison de la flotte de commerce allemande au problème du ravitaillement de l'Allemagne. M. von Braun ayant protesté, et l'amiral Hope ayant été remplacé par l'amiral Weymiss, celui-ci n'insista pas. Mais il n'y avait là qu'un détail de procédure, sans nulle importance pratique. Ce « premier non », prononcé à Spa par l'Allemagne et dont M. von Braun se targue pour prêcher la résistance, n'a aucunement empêché le Reich de s'obliger, quelques semaines plus tard, par l'Annexe III, § 1er du Traité de Versailles, à livrer aux Alliés sa marine de commerce.

L'incident évoqué par M. von Meinel n'est pas plus probant. L'ancien président de la délégation industrielle allemande insinue que la France, abusant de ce que l'Allemagne, par suite de l'armistice, était dans l'impossibilité de réclamer, n'aurait pas

---

(1) P. 319-322.
(2) P. 326.
(3) P. 329.

exécuté les livraisons de minerai auxquelles elle s'était obligée par le Protocole de Luxembourg. Un de ses collègues anglo-saxons aux bons offices duquel il avait essayé de recourir, pour obtenir justice, ayant refusé d'intervenir, M. von Meinel, au lieu de s'incliner, aurait insisté en s'adressant, cette fois, aux officiers avec lesquels avait été conclu l'accord du 25 décembre et il aurait, ainsi, obtenu, finalement, satisfaction.

Tout d'abord, il est faux que ce soit, comme l'avance l'ancien président de la délégation industrielle allemande, par un abus de sa situation de puissance victorieuse que la France ait ajourné certaines expéditions prévues par le Protocole de Luxembourg. Ces retards avaient été occasionnés, simplement, par la difficulté de s'entendre, sur les prix, avec les représentants du Reich. Et il est inutile d'ajouter que l'Allemagne n'a nullement, M. von Meinel lui-même est obligé de le reconnaître, rempli, de son côté, les obligations qu'elle avait souscrites par l'Arrangement du 25 décembre. Quant au prétendu redressement de cet accord, il s'est effectué de la façon la plus naturelle et sans que le plénipotentiaire allemand eût eu à faire application des théories préconisées par les *Süd. Monatshefte*. Le traité de Versailles prévoyait un certain nombre de livraisons en nature à effectuer, par l'Allemagne, au profit des Alliés. Ces stipulations n'étaient, évidemment, exécutoires qu'après que le Traité aurait été ratifié. En attendant, un arrangement provisoire fut conclu à Versailles, le 29 août 1919, pour réglementer les prestations à effectuer par anticipation. Le Protocole de Luxembourg se trouva, par là, naturellement, forcément, abrogé.

Pour ce qui est des conditions dans lesquelles M. von Lersner a obtenu des facilités pour les promenades de ses collaborateurs dans le Parc de Versailles, nous avons eu, antérieurement, occasion d'exposer que ce résultat devait être attribué bien plutôt à la courtoisie des autorités françaises qu'à l'attitude cassante du chef de la délégation allemande. Quant à l'assertion des *Süd. Monatshefte* que, si l'Allemagne avait rejeté les clauses de l'armistice, elle aurait obtenu d'autres conditions plus favorables, elle est exactement le contraire de la réalité. Ce n'étaient pas des conditions adoucies (« abgeschwächte Bedingungen ») que les Alliés avaient préparées pour le cas où l'Allemagne refuserait d'accepter l'armistice, c'était, nous l'avons rappelé page 80, une offensive toute prête à être déclenchée et qui, jetant, dans la région de la Moselle, vingt-deux divisions toutes fraîches, appuyées d'une puissante artillerie et d'un corps de cavalerie de trois divisions, sur les six divisions épuisées du duc de Würtemberg, aurait enfoncé le front allemand et obligé la majorité des troupes du Kaiser à mettre bas les armes en rase campagne ou à se réfugier en Hollande.

Les précédents sur lesquels les *Süd. Monatshefte* se basent pour prêcher le résistance n'offrent donc rien d'engageant quand on les a dépouillés des fictions mensongères dont la revue essaye de les parer. Nous n'ajouterons plus qu'un mot, non, certes, dans le dessein de donner quelque conseil, — tel ne saurait être notre rôle, — mais pour rappeler un exemple, réel celui-là, exact, indiscutable.

Il y a un demi-siècle, la France, vaincue, avait dû souscrire à un traité dont les conditions étaient infiniment plus cruelles que celles que l'acte de Versailles a faites à l'Allemagne. Cette dernière ne s'est vu enlever, il y a quatre ans, que des populations qu'elle s'était annexées par la force et qui ne cessaient de protester contre la violence dont elles avaient été victimes. Nous, en 1871, on nous prenait des populations qui venaient, par des élections toutes récentes, de proclamer encore leur volonté de rester Françaises, on nous prenait un morceau de notre chair. Et au point de vue économique, le Traité de Francfort nous imposait une indemnité de guerre sous le poids de laquelle le monde croyait que nous allions succomber. Mais on professe, en France, qu'un traité est un engagement solennel liant celui qui l'a signé, et non, comme disait M. von Bethmann-Hollweg en parlant à l'ambassadeur d'Angleterre des accords de Londres relatifs à la Belgique, un chiffon de papier. Notre signature avait été engagée à Francfort. Nous avons tenu à y faire honneur. Loin d'épiloguer, de chercher des échappatoires, des faux-fuyants, nous avons tendu notre volonté, non pour résister, mais au contraire pour exécuter, loyalement, nos engagements. Notre population s'est imposé des taxes écrasantes. Notre Gouvernement a émis des emprunts dont le service devait peser longtemps sur l'économie nationale. Et, en moins de temps qu'il ne s'en est écoulé de la ratification du Traité de Versailles à aujourd'hui, nous avons versé à l'Allemagne des sommes d'or doubles de celles qu'elle a payées à tous les Alliés depuis l'Armistice. Trois ans après le Traité de Francfort, la France avait exécuté toutes ses obligations. Elle avait repris sa place dans le monde.

Est-ce à dire que nous ne voyons rien à retenir des conclusions des *Süd. Monatshefte*? Si. Nous nous associons, et très volontiers, sous la seule condition qu'il soit sincère, au vœu final que la revue émet par la bouche de M. von Müller. Dans son article, après une longue dissertation où il s'attache à démontrer la nécessité de faire connaître la vérité sur le fondement et sur les conséquences du Traité de Versailles, l'auteur conclut — c'est l'avant-dernière phrase du recueil — « Il y a, me semble-t-il, une signification profonde pour le peuple allemand dans la circonstance que le dernier moyen de salut qui lui soit resté ne soit ni politique ni économique, mais procède de l'ordre spirituel et de la vérité. »

La vérité, jamais, en France, on n'en a redouté les manifestations. Bien au contraire, nous comptons sur elle pour dissiper les équivoques, les calomnies que multiplient contre nous des propagandistes sans scrupules. Peut-être avons-nous trop de confiance en son action. Peut-être, sûrs de notre bon droit, laissons-nous trop les faits parler d'eux-mêmes, dans la pensée qu'ils sauront parler assez haut, et ne nous préoccupons-nous pas suffisamment de donner au public les moyens de dégager ces faits de l'amas de mensonges et d'erreurs que nos adversaires répandent pour les masquer. Mais si, par suite, l'utilité de propager la vérité peut sembler parfois quelque peu perdue de vue en France, on n'y en souhaite pas moins ardemment que cette vérité soit répandue, connue, reconnue. Le pays a tout à y gagner. Il n'a rien à y perdre. Pour notre part, donc, nous nous associons sur ce point à M. von Müller et, comme lui, quoique sans doute dans un esprit différent, nous formons le vœu que rien ne soit négligé de ce qui peut contribuer à faire connaître, sur le Traité de Versailles, la vérité au monde — nommément à l'Allemagne, ce peuple doué de tant de qualités, si précieuses, qui peut se voir appelé encore à un rôle si grand, mais que de mauvais bergers ont, depuis de longues années, leurré, abusé, empoisonné de mensonges pour l'engager dans une voie pleine de périls, dont ceux qu'il a rencontrés déjà peuvent n'être pas, pour lui, les plus graves.

Avril 1923.